社会主义核心价值体系建设
"双百"·出版工程

项 目

/ 100 位
新中国成立以来感动中国人物/

马恒昌

马春忠/著

★

吉林文史出版社

《100位新中国成立以来感动中国人物》丛书

★★★★★

编 委 会

前 言

　　每个人的心中都多少有一点英雄情结，都向往英雄、景仰英雄。也正因此，在中华人民共和国建国六十周年之际，由中央十一部委联合组织开展的"100位为新中国成立作出突出贡献的英雄模范人物和100位新中国成立以来感动中国人物"的评选活动中，群众参与投票总数近一亿。这其中的每一张选票，都表达了人们对英雄模范的崇敬之情，寄托着对伟大祖国的美好祝福。

　　一个民族不能没有英雄，否则这个民族就不会强大。当国家危难之时，懦弱者选择了逃避、妥协甚至投降，英雄们却挺身而出，用热血捍卫民族的尊严，人民的幸福。在创立和建设新中国的伟大历程中，涌现出无数可歌可泣的英雄模范人物。他们之中，有为了民族独立和人民解放而英勇牺牲的革命先烈，有为了党和人民的事业而不懈奋斗的优秀共产党员，有在全民族抗战中顽强奋战、为国捐躯的爱国将士，有英勇杀敌的战斗英雄和革命群众，有积极从事进步活动的著名民主爱国人士和国际友人……他们是民族的脊梁、祖国的骄傲，是激励全体人民团结奋斗的精神力量。

　　《100位新中国成立以来感动中国人物》丛书，就像一部星光璀璨的英雄谱，真实、完整地记录了英雄模范人物不平凡的一生，再现了他们非凡的人格魅力和精神世界。舍身堵枪眼的黄继光，拼命也要拿下大油田的王进喜，中国原子弹之父邓稼先，新时期领导干部的楷模孔繁森……一串串闪光的名字，一个个动人的故事，犹如群星闪烁，光耀中华。

　　当今中国正处于伟大变革的时代，迫切需要涌现出一大批勇于承担历史使命、为祖国和人民奉献一切的先进人物。在"双百"人物崇高精神的引领下，在建设社会主义现代化国家的征程中，必将英雄辈出。

生平简介

马恒昌,1907年7月24日出生于辽宁省辽阳市,家境贫寒,10岁给地主放过牛,16岁进厂给日本人当学徒,因手艺超群,被国民党联合勤务总部所辖的五〇四汽车厂(后为沈阳第五机器厂)招收为车工。1948年马恒昌秘密加入了中国共产党,被推举为车工一组组长。

此时,平津、淮海两大战役还在进行中,前线急需武器。一次,工厂把修复17门高炮闭锁机的任务交给了车工一组。当时外面的敌机轰炸,马恒昌手不离摇把,仍然坚守岗位。他的模范行动感染着身边的组员,他们日夜奋战,最后提前五天完成了修复闭锁机的任务,有效地遏制了反动派的轰炸,为解放战争的胜利做出了巨大贡献。

1949年春,为了更有力地支援解放战争,马恒昌带领车工一组向全厂发出了开展迎接红五月劳动竞赛的倡议,得到全厂五十多个班组的热烈响应。竞赛中,马恒昌启发大家靠技术革新实现竞赛目标,创优质,夺高产,夺优胜锦旗。他率先带头成功革新了斜度板胎具,提高工效3.1倍。

1949年4月28日,马恒昌所在的沈阳第五机械厂召开了竞赛表彰大会,车工一组获得"生产竞赛模范班"的红旗,工厂党组织还以"马恒昌"的名字为小组命名。从此,马恒昌的名字就与他的小组永远联系在一起。仅6个月时间,马恒昌小组就改造工卡具18种,工效提高1至3倍,10名组员8个月内先后加入了中国共产党。

1950年马恒昌被评为"全国劳动模范",在北京中南海怀仁堂代表小组介绍了经验。9月30日党中央举行国庆招待酒会,马恒昌代表工人阶级向毛主席敬酒。

1951年1月7日,马恒昌提议向全国各条战线发出了开展爱国主义劳动竞赛的倡议,得到全国一万八千多个小组的响应。"向马恒昌小组学习"、"做马恒昌小组式的班组"成为我国当时工人运动的新热潮,有力推动了国民经济的恢复和发展,极大地推动了抗美援朝战争的全面胜利。

1951年马恒昌被任命为中华全国总工会劳动部副部长。1952年举家搬回沈阳,进入工农速成中学学习,经过四年的刻苦学习,他终于完成了学业,满怀信心地走上新的岗位。1954年马恒昌光荣地当选为第一届全国人大代表,后连任六届。曾担任第四、第五届全国人大常委会委员。

马恒昌一生克己奉公,廉洁自律,宽厚待人,从内心深处把荣誉当成责任。特别是他走上重要领导岗位后,更对自己和家人严格要求,从不以权谋私,为党员领导干部树立了光辉的形象。后来工厂北迁,马恒昌一家八九口人挤住在16平方米的平房内,而且一住就是30多年。直到1983年,他身患癌症到北京住院,他的家才搬进了工厂新盖的楼房。

1983年夏天,患膀胱癌在北京接受手术治疗后的马恒昌,被组织安排去汤岗子疗养,随行的工作人员每天都为他安排好伙食,尽最大可能保证他的营养和身体健康,但每天的伙食安排都要听他老人家的意见。因为马老每天都要去餐厅看食谱和价格,然后再决定吃什么,绝不允许超过伙食标准,绝不给组织增加负担。

1985年7月18日1时55分,备受人们尊敬的、为我国工运做出过卓越贡献的、一代工人阶级杰出代表——老英雄马恒昌的心脏永远停止了跳动。为了悼念马恒昌同志,缅怀他的丰功伟绩,7月22日,齐齐哈尔人民为他举行了隆重的葬礼。

1907-1985

[MAHENGCHANG]

◀ 马恒昌

目 录 MULU

毛泽东主席说："马恒昌，我知道，我知道，我知道"（代序）

马恒昌，这三个字，在中国的姓氏中非常普通。然而，就是这非常普通的人名，让新中国的缔造者、全国人民最为敬爱的毛泽东主席，在建国之初就知道了。

马恒昌到底是何许人物？

马恒昌，1907 年 7 月出生，1985 年 7 月去世，享年 78 岁。

在这 78 年的岁月里，都给马恒昌刻下了极为深刻的印迹。

马恒昌的记忆永恒，马恒昌的经历无价。

马恒昌在旧社会生活了 41 年。他的记忆是苦难，是仇恨。他永远不忘 7 岁丧父，10 岁给地主放牛，16 岁进厂学徒，当了15 年的工奴。其间，他还不堪忍受日本帝国主义和国民党反动派的凌辱和迫害，曾两次弃工务农。一句话，马恒昌在死亡线上挣扎了 41 年。他的命运多舛、悲怆。

马恒昌在新中国生活了 36 年。他深知，1948 年沈阳解放时，是共产党发放的一袋高粱米，救了他们全家人的命。他向工厂捐献的赖以活命的百分尺，是表明他对共产党的信仰和忠诚；他敢冒国民党飞机轰炸和暗藏敌特伤害的危险，舍命制造闭锁机；为支援抗美援朝战争和恢复国民经济，向全国各条战线职工，发起了"开展爱国主义劳动竞赛"的倡议，得到全国一万八千多个班组的热烈响应，掀起了"一场席卷神州大地的热火朝天的爱国主义劳动热潮"，称之为"马恒昌小组运动"。

在他应当离休之日，正是"四人帮"横行之时，他不仅不退职，还带领黑龙江省和齐齐哈尔市的知名劳模，到全国十九个省市近百家企业，行程万里，学习和推广先进刀具。有时还戴上老花镜，亲自表演刀具绝活，取得了十分可观的成果。在改革开放年代，他身患绝症，还坚守他的"喊破嗓子，不如做出样子"的信念，积极主动地为企业的发展和产品品牌的提升进言献策。

马恒昌的名声，起始于1949年4月，即他在秘密加入中国共产党，并以他的名字命名为"马恒昌小组"，创造了许多突出的业绩，受到了沈阳市和东北人民政府的嘉奖之后，声望才传扬开的。

1950年9月30日，中共中央和政务院在中南海怀仁堂举办的国庆一周年招待酒会上，马恒昌被推举为工人阶级的代表，向毛主席敬酒。毛主席十分高兴地说："马恒昌，我知道，我知道，我知道。"

毛主席连声说了三次"我知道"，感动得马恒昌热泪盈眶。马恒昌好像被红地毯磁住了一般，两眼紧盯毛主席，千言万语都涌上心头，好半天只说了一句："祝毛主席健康。"

马恒昌回到座位，不少英模都过来，拉住他的手不放，都想分享马恒昌的幸福。

此后，从1954年到1976年的22年间，马恒昌又被毛主席接见过十二次，这在全国诸多劳模中，也是屈指可数的。

马恒昌连续被选为六届全国人大代表，两届全国人大常务委员，三次被评为全国劳动模范。1951年被任命为中华全国总工会劳动部副部长和两届全国总工会执行委员。建国六十周年时，又被推举为新中国成立以来感动中国人物和时代领跑者。

马恒昌是新中国工人运动著名活动家，是一尊用突出业绩和生命品牌雕塑成的青铜像。

铜像矗立，马恒昌精神永恒。

血泪家境

→ 丧父的日子

★★★★★

　　1907 年 7 月，马恒昌出生在辽宁省太子河北三十里地开外的一个贫穷的农村。其父马常秀，常年给地主扛活，母亲拉扯三个年幼的男孩，侍弄房前、屋后只有三步远的小菜园。他们一家住的是低矮的草坯房，夏天漏雨，冬日结霜；吃的是苞米面和糠皮滚成的野菜团子。这种日子，可用四个字来概括：饥寒交迫。

　　马恒昌 7 岁那年的腊月二十三，不少人家都张罗过小年，唯独马常秀一家，米无一粒，柴无一捆。孩子们都躺在冰凉的炕上。

　　马常秀扛活年满，可算是回来了，他让妻子和孩子都起炕，马恒昌说："妈说起来会更饿。"马常秀心酸了，他打算去北荒甸子打些柴草，把屋子烧暖，再去讨点吃的。就在马常秀刚要出门时，一个长久不来往的远房弟弟找上门，说："大哥，我家你侄女，现在还住在我家，这大过年的，出嫁的姑娘住娘家不吉利，你把她送回婆家吧。"

马常秀妻子一听就火了："我家早就揭不开锅了，你咋不拿点米柴来？"

这个来者得寸进尺，跟马常秀说："你去借辆车，不然，到天黑也走不到。"马常秀是个极爱面子的人，他借到车赶紧往回走，路过火车道时，马受惊吓就毛了，将马常秀摔在铁轨上，火车从马常秀身上碾过……

在旧社会，父亲是支撑全家人生活的天，是孩子们遮风挡雨的大树。现在，天塌了，树倒了，30岁刚出头的母亲和三个年幼的孩子整天哭。母亲哭病了，孩子哭得嗓子都冒烟了。左邻右舍的姐妹们都过来劝，其中有一个姐妹说："大嫂，你还是再走一家吧！"

马常秀的媳妇说："大妹子，别说了，我这辈子就姓马了。"说完，就将马恒昌哥儿仨紧紧地搂到怀里，放声大哭起来，邻居们也跟着掉泪。

穷人的孩子早立事，这话一点都不假。马恒昌的大哥，13岁就到千金寨（抚顺）找事做去了；马恒昌10岁那年，就给地主放40头牛；小弟马恒祥才6岁，在家帮着妈妈到荒郊野地挖野菜、打柴草。

马恒昌放牧的这40头牛，像故意欺负他似的，不好归拢，满山坡乱跑。马恒昌个子矮，根本骑不到牛背上，只能跟在牛群后边跑，还很怕牛把别人家的庄稼地给践踏了，回去挨打不说，还得挨罚。马恒昌天天都得放牛放到日头落山，才能回去。回去早了，要挨骂；放丢了牛，更要挨打。等到把牛圈好了，还得抱上三十多捆柴草，把地主家的五铺火炕烧热了，再等到喂完二十多条狗后，他才能端起饭碗喝粥。马恒昌整天累得站着也能睡着，那时他才10岁呀!

冬天是穷人家最难熬的日子。马恒昌不光是天天吃不饱，而且是身无一件棉衣，双脚还没有棉鞋。整天在冰雪地里放牛，冻得就像发疟疾一样，浑身抖动不已，双脚被冻得没有知觉。马恒昌坐在雪地上，抓雪搓脚，有时还将双脚插进冒着热气的牛粪里取暖。

年终了，马恒昌有机会见到妈妈了，他高兴地将放牛挣来的一块钱，交到妈妈手里。妈妈看到孩子的脸上和身上青一块紫一块的，双脚红肿，有的地方还流脓，心痛得大哭起来。马恒昌看到妈妈瘦多了，头发又白了不少，也很心酸，他笑着对妈妈说："用这钱，扯件布衫穿吧。"妈妈的哭声更响了。

马恒昌在这个地主家，又当了三年"半拉子"。他觉得自己长大了，也应该像哥哥那样走出去闯一闯，也许会有个好地方。经过马恒昌多次劝说，妈妈才勉强同意到他哥哥那地方去——哥俩终归是个伴，彼此也能互相照应照应。

→ 工奴的煎熬

★★★★★

马恒昌在抚顺终于找到了哥哥，哥哥无能为力，只好去求人，找到工头后，工头说啥也不收，说马恒昌个子矮，比车床高不了多少，实际是没送上大礼。后来，一个八竿子都打不着的好心"姐夫"，花了不少钱，帮了个大忙，才打通了门路。他一进门就大声喊道："老二啊，这回姐夫给你找到一个学旋盘车工的好活，这可是个铁饭碗，千万别打了啊！"

第二天一大早，马恒昌就跟着姐夫去了。离厂子还挺远，就看到高高的烟囱冒着黑烟，四周围墙上，还拉起了铁丝网，门口还立着两个日本兵，拿着带刺刀的长枪。马恒昌一瞧这架势，就有点害怕，赶紧躲到姐夫身后，他听不懂姐夫跟日本兵说的啥，就让进厂了。姐夫告诉马恒昌，这家工厂是日本人开的，国民党当官的都不敢惹。马恒昌一听，就更害怕了。

姐夫领着马恒昌，走到一个正在干活的日本人面前，又说了几句日本话，这个家伙连头都不回，一句话也没有，姐夫拉住马恒昌，又往这个鬼子跟前凑凑，说："他就是你师傅，要好好跟他学。"马恒昌不敢抬头，只用余光扫了一下，这个日本人太凶了，满脸杀气，马恒昌被吓出一头冷汗。

第二天，马恒昌早早地进了车间，将师傅这台床子打扫得干干净净，工具也由小到大，摆放得整整齐齐。开工铃声响了半天，马恒昌的这个师傅，才慢吞吞地从后屋出来，依旧是气哼哼的，根本不瞧马恒昌一眼。这个小鬼子干完一个活后，头也不回，把手伸过来就喊："啥西"的拿来! 马恒昌吓了一跳，知道他是在要工具，但要哪样工具，马恒昌不知道，又不敢用中国话问，随手拿一把工具递上，小鬼子用手一摸，就大骂："八嘎!"马恒昌又拿出另一件工具，鬼子还是没回头，用手一摸，猛转身，将工具拍在马恒昌的前额上，顿时鲜血直淌，留下了长长的刀痕，这成为马恒昌一生的仇恨印记。

马恒昌哭着去找姐夫，姐夫说："学徒学徒，三年为奴，谁都是这么熬过来的，更何况给日本人干活呢?"

第二天一上班，这个日本人问马恒昌叫什么名字，马恒昌心想：这个鬼子，还要搞什么名堂? 但又不能不回答，当马恒昌刚说出"马"字时，这个鬼子就翻眼珠子了，大骂："姓'马'的心大大的坏了，大大的坏了。"

事后，姐夫告诉马恒昌，他大哥就是跟着这个鬼子学的徒。马恒昌的大哥，手艺学成之后，跟这个鬼子打了一大仗，然后就跑了。

马恒昌听后，解气地想："活该，往后你再欺负我，我也照样揍你。"

此后，这个日本师傅，虽然不打、不骂马恒昌了，但不准马恒昌向床子靠近一步。气得马恒昌找不到出气的机会，他只能把小鬼子生产出的产品和图纸比对，看看加工过程和要求，再和其他徒工交流。采用这种"偷艺"的办法，也学到了些东西。后来，这个办法被日本师傅发现了，什么都学不成了。

日本人的气实在难以忍受，马恒昌出徒后，逃到奉天（沈阳），在国民党的一家兵工厂上班。

这个时候的沈阳城，虽然九·一八事变还未发生，但在城里有日本领事馆，中国人要在日本人开的铺子买东西，得讲日本话，使用日元；沈阳城外，还驻有日本兵，可以任意屠杀中国人。蒋介石国民党对此不闻不问。气得中国人义愤填膺！

马恒昌清楚地记得，他考工那天，主考工头好像是还没睡醒似的问："马恒昌，你到底是喜欢挣钱多，还是挣钱少啊？"

马恒昌听清了工头的问话，但他不明白，考工不就是为定工钱吗，怎么能问这个呢？

工头见马恒昌迟迟没答，就喊："你哑巴了，听不懂我的话？"

一个工友将马恒昌拉向一旁，回过头就对工

头说：“这年景，哪有不想多挣点钱的？”

马恒昌听了更不懂了，他想去辩解，这个工友立刻将马恒昌挡住，有些生气地说：“你傻呀，他这是让你给他送礼！”

马恒昌在心里狠狠地骂了一句：“天下的乌鸦都是一样黑！”

九·一八事变后，国民党的这家兵工厂也让日本鬼子占了。日本人用中国人制造的枪炮来屠杀中国人。工人们气得用拳头直砸床子，马恒昌也决定不在这个兵工厂干了。

后来，马恒昌来到了沈阳自行车厂，远离造枪炮的地方，心情好了许多。但到第二年，这个厂转产造小炮弹，马恒昌再也忍不下去了，他就以挣钱少、不能养家糊口为由，要求退厂。日本鬼子确实很鬼，他们知道马恒昌的手艺好，只要把马恒昌拢住了，对付其他工人就更有办法了。小鬼子对马恒昌的要求很快就答应了，决定给他加工钱，但必须得多干活。马恒昌心里明镜似的，这是日本人在收买他，不能昧着中国人的良心，去给日本人卖命。

一个日本鬼子总在马恒昌车床边走来走去，嘴里总在念叨“打密纳，打密纳”（奇怪）那句话。后来，这个小鬼子拿着一条木凳，整天坐在马恒昌的床子边，卡着表，看着马恒昌干完一个活的时间。马恒昌心里明白，这是用它来管制别人。马恒昌也跟日本人来邪的了，他上把大刀，高速切削，把床子都干冒烟了，小日本鬼子一看挺高兴，就往车床边凑。只见铁屑超长，卷成大卷翻滚，一下子将床子上的油盒打翻了，溅到小鬼子西服上一身油，卡表也掉到地上摔坏了。

这件事，很快就捅到日本厂长那里，工头传话要找马恒昌，马恒昌借去厕所之机逃出厂子，逃到乡下老家种地去了。

➡ 务农的绝望

★★★★★

弃工务农，这在马恒昌一生中发生过两次。单说最后一次，那是1947年末，也就是日本投降的第三年，马恒昌看到改朝换代后的国民党厂长，依旧是骑在工人头上拉屎，骗上欺下，吸吮工人骨髓；工头敲诈勒索，无恶不作。马恒昌感到，他一个人在城里生活都很难，莫不如回家，同老婆、孩子一块受罪，互相还有个照应。

一个大工匠回家种地，常常不被乡亲们理解。乡亲们以为，在城里上班，风吹不到，雨淋不着，月月还有官饷；在乡下种地，面朝黄土背朝天，还不知年景会咋样，都得听天由命。

马恒昌知道，他回乡种地，难处比别人要多得多。首先得租地。地主说："你会种吗？你交得起地租吗？你敢保证不会把地种撂荒了吗？"其次是没有牲畜，只能靠人拉开犁，雇人没钱，只靠老婆、孩子能行吗？买种子、锄和镰，钱又在哪里？最后是秋收。俗语说，"三春不如一秋忙"，庄稼收割、晾晒、打场、交租、卖粮和收藏，样样都得做细、管好。

对此，马恒昌全认了，他觉得，就是累死也比气死强。

老天爷真的是瞎了眼，将穷人一步步往死道上逼。那年开春，种子落地，就是不下一滴雨；禾苗刚出土，大风刮得天黄地裂；整个夏天，蝗虫满天飞，蚊蝇裹人，高粱叶子全打成卷，一点抽穗的迹象都没有……

马恒昌坐在地边的土坡上，两眼发呆，大串大串的泪珠滚滚落下，马恒昌绝望了。他想到，自打租地以来，全家人一粒米也没进肚，成天不是用"曲根菜"塞肚子，就是靠"榆树钱"和"卷头菜"度命，闹得大人、孩子成天闹肚子。也是因为饥饿，体质太差，大人和孩子都得了疟疾病，不用说走路，就是躺在炕上，两眼都冒金花。特别是老母亲，受了一辈子苦，得了一身病，现在一直卧床不起。因为没钱，还不知道她得了啥病。如果再不及时去找大夫，后悔都来不及了。马恒昌想到这里，就赶紧回家，让媳妇把家里值几个钱的百分尺拿出来。马恒昌的母亲听说要当百分尺，说什么都不撒手，一直将它攥在手里，她有气无力地说："老二呀，妈得的病，妈知道，你就是把家里所有东西都当了，也治不好你妈的病，你还是给全家人留条后路吧。"妈妈的这些话，让马恒昌的泪水哗哗地流淌。就这样，马恒昌的老母亲攥着这把百分尺，告别了她的儿孙。

妈妈走了，走得如此悲惨！

16 岁的大女儿又要出嫁，远嫁到二十里开外的一个土岗子村。听这地名，就知道这是个穷乡僻壤的寨子。马恒昌的妻子说："这不是把孩子往火坑里推呀？"

大女儿出嫁那天，哭成个泪人，马恒昌的妻子都哭晕了过去。马恒昌自己也跑到土壕楞子上，用泪水为女儿送行。

马恒昌回到家门口，看到一帮国民党兵端着枪，砸门向屋里冲。只听妻子说："我家早让你们抢光了，现在就剩几条人命了，看好你就拿去！"马恒昌赶忙走上前去，还不等马恒昌开口，就让国民党兵用枪托子打到一边去了。马恒昌气愤地说："你们把我们都带走吧，反正都是个死！"

国民党兵瘪细看马恒昌家的寒酸样，也觉得没什么油水可榨了，就大摇大摆地扬长而去。

就在这个时候，马恒昌接到沈阳一位工友捎来的口信，说："现在沈阳城内兵荒马乱，不少资本家带着妻妾和金钱财宝都逃了。"马恒昌沉思了两天，同妻子商量过后，就只身一人去了沈阳，开始为全家谋求新的生路。

曙光初照

➜ 一袋高粱米

★★★★★

马恒昌步行了一天，连累带饿，天快黑时才到沈阳。一路上马恒昌亲眼看到有好几伙逃难的人群，心里就酸楚楚的。特别当他听到在四平市，只要用一个苞米面做的窝窝头，就能领走一个大姑娘回家做媳妇时，他情不自禁地骂道："这都是什么世道！"

沈阳街头，比前两年更乱了：国民党兵痞在大街上横冲直撞，用枪托子开道，见东西就抢；去当铺当东西的人，排成了一条条长队；粮店没有几家敢开门的；卖儿卖女、爬行乞讨的络绎不绝。马恒昌由此感叹：这里的天地比乡下还黑暗。

这一次马恒昌要进的是沈阳联勤总部五〇四汽车厂，即沈阳解放后更名的第五机器厂。考工时，由于马恒昌带着百分尺干出的活特别精细，获取了上士班长级别，可谓大工匠。马恒昌听说，一个大工匠的工钱，一个月能挣六七百万元。这个钱数乍听起来怪吓人的；可实际上，买一斤高粱米就得花去一百多万元，能称上几斤米？

开饷时，马恒昌只拿到一个小工匠钱。为什么？工头叼着颗洋烟，眯缝着双眼，歪着个脖子，没好气地说："就你这个死性人，能拿到这么多钱就很不错了，下个月有没有这么多还说不定呢！"

马恒昌又一次绝望了。

1948 年 11 月 1 日后半夜，马恒昌听到工厂东北方向响了一阵枪炮声，就赶紧起身，到房门外的墙根下蹲着，听了半天，也不知道发生了什么事情。等到天大亮时，马恒昌走上街头，看到来往走动的全是解放军队伍，成百上千的老百姓都站到马路两边观看。

第二天中午，马恒昌所在的工厂贴出了一张大布告，让全厂的工人都上班，按每位工人的家庭人口数发放救济粮。

马恒昌和一些老工人站在布告旁，好半天没离开。他们觉得，如果真能做到像布告上说的那样，全家人就不会饿死了，这是多么及时的救命粮啊！

事实真的让马恒昌受到了极为强烈的震撼！

在工厂专用的火车线上，马恒昌亲眼看到，中国人民解放军官兵都在抢卸装粮食的麻袋。不少青工也上前帮忙，场面十分热烈。

马恒昌还看到，在解放军里有个年纪比较大的人，他一边扛麻袋，还一边指挥别人，马恒昌认定这个人一定是一个当官的。到了中午，他还让几个战士去给大家买大煎饼吃，看到工友们吃到了煎饼，他满脸笑容地和大伙唠起了家常。

下午，开始发放高粱米。领到粮食的工友一个个乐颠颠地背起袋子往家扛；当念到马恒昌的名字时，那个当官的没听到有人答话，接着又喊了一句，马恒昌赶紧答道："我一个人。"那个当官的说："马师傅，你怎么是一个人？"马恒昌说："他们都在乡下。"这个时候，那个给马恒昌捎口信并让马恒昌来沈阳找活干的老余说："刘厂长，他家八口人。"马恒昌立刻插话："老妈走了，大女儿出嫁了。"那个当官的说："那就按六口人发！"

马恒昌扛着一袋子高粱米，穿过大街小巷，泪洒一路。马恒昌觉着浑身发热，这一袋子高粱米把多雪的冬天都感化了。

→ 两位指路人

★★★★★

第二天一大早，马恒昌就进了工厂，他还没有走到车间，就看到一股股浓烟，从一间破屋子里冒出来，马恒昌紧走几步，就见一个人从屋子里跑出来，一脸灰黑，咳声不止。

马恒昌什么也没问，就直奔屋里。

这是一间极为简陋的库房，地中央的炉子喷着黑烟。马恒昌立即动手去调整炉具，不一会儿，黑烟就不冒了，炉底也蹿出了火苗。这个人原来是刘厂长，马恒昌很吃惊地上下打量他。

刘厂长笑了笑说："你是马师傅吧？"

这时，走过来一位满脸熏黑的女人。

刘厂长说："她是我屋里的。"

刘厂长的妻子不好意思地笑了笑，说："谢谢你，马师傅。"

马恒昌愣住了，这个女人穿一身旧军装，腰间还扎了条皮带，说话慢声细语，这哪像个官太太？再看看屋里，用木板架起的床上，叠着两床旧军被，炉台边摆放着碗筷，地角处还有一个脸盆，墙上挂着一杆盒子枪。这就是刘厂长居家过日子的全部家当。

马恒昌万万没想到，刘厂长当那么大个官，怎么跟工人一样过这种苦日子。

马恒昌心想："国民党被打跑了，资本家也逃了，工厂是解放军的了，他咋不去住洋房呢？"

刘厂长告诉马恒昌，共产党和解放军是为穷人打天下的。工厂是工人的，他是给工人看家的，他住这儿，跟工人说话方便。

马恒昌从心底被震撼了。工厂是工人的，天底下真会有这种事吗？

刘厂长看出了马恒昌的疑虑，就说："沈阳才刚刚解放，老百姓对解放军还不大了解，这很正常。往后天天在一起，就好了。"

马恒昌点点头。

刘厂长告诉马恒昌，他现在想的是，怎么样把全厂的工人都发动起来，尽快恢复生产，支援前线，早一天打倒蒋介石，

△ 1949年初，沈阳第五机械厂车间党代表王金平在给工人讲解革命道理（右三为马恒昌）

解放全中国……

马恒昌也有同感，蒋介石不打倒，天下就太平不了；可要开工生产，厂里破乱不堪，连条好走的路都没有；车间里没几台能开动的床子；量检测具更是奇缺，挺难！

刘厂长还告诉马恒昌，过几天，厂里准备请一些老工人，开个座谈会，让大伙出出主意，到时候请马师傅务必参加！

马恒昌从刘厂长家出来，看到工人们都陆陆

续续向厂里走来，很高兴，他觉得自己的脚步也轻快了许多，身上开始发热了，这是马恒昌四十年来头一回有这种感觉。

刘厂长是马恒昌第一个指路人。

马恒昌的第二个指路人，当属他们车间的转业干部王金平。

王金平，25 岁，江苏人，1940 年参加革命，有着丰富的连队工作经验。人虽长得白皙，像个书生，但到车间后，擦车床、扫铁屑、拖地，什么脏活累活都争着干。他平易近人，和工人不笑不说话。对老工人更是一口一个"师傅"地叫着。王金平常跟工人们交底，他说他在部队，就是个兵头，现在在工厂，什么都不懂，请师傅们多帮他。

起初，马恒昌听了王金平的话，感到挺新鲜，也挺奇怪，哪有一个当官的会这么说自己的？后来跟王金平接触多了，就觉着王金平可不是一般人。碰到问题，他站得高，看得远；办起事来，有条有理，条条是道；为人处世，诚恳平和，从不指手画脚。

有一天快下班的时候，王金平来到马恒昌的车床边，不说一句话，两眼直盯盯地看着马恒昌车活；当马恒昌车完一个活，往下卸机加件时，一抬头看到王金平，很不好意思地笑了。

王金平说："马师傅干活像入魔的样子，我都着迷了，你就收我当徒弟吧！"

马恒昌立刻严肃起来："你是领导，是个干大事的人。"

王金平郑重地说："现在，抓紧生产，支援前线，是当前最大的事。我现在心里急啊。"

马恒昌对王金平的急切心情特别理解，就说："你放心，我一定多干活，干好活，现在工人当主人了，就得有个主人的样子。"

马恒昌深知，他同王金平相处，只有一个多月时间，就明白那么多道理，让人心明眼亮，有奔头。

马恒昌望着地平线上火红火红的太阳，他的心情也火热起来。

→ 组长大伙选

★★★★★

像小山一样的废料堆，破钢烂铜，铁屑成卷，乱在一起，难解难分。马恒昌在山上山下不停脚地走动，不知他在寻找什么。

老工人老余走了过来，问马恒昌找啥，马恒昌说看啥能用。

是啊，沈阳解放刚刚一个月，工厂千疮百孔，连一个干活的刀具都缺，怎么开工生产，支援解放战争？

马恒昌终于从垃圾堆里翻出一把锈得不像样的弹簧杆刀具，高兴得不得了。

青工小肖过来说："都锈成这样了，还能使吗？"

老余师傅连忙说："别忘了，马师傅可是个大工匠！"

老刘师傅说："考工时，马师傅考了上士班长级，我是中级班长级，差了一大截。"

老余连忙插话："可你们俩谁都不当狗

腿子，不送礼，又不会用嘴巴结，能当上班长吗？"

这时，一个外号叫"韩大巴掌"的班头走过来，听到有人这样说他，气不打一处来，就喊叫说："咋的？想起哄！都回去干活去！"

老刘说："没工具让工人用手抠啊！"

老余将一根长长的废丝杠往地上一摔："你还想在工人的头顶上拉屎呀，没门！"

马恒昌一伙人，谁都没搭理韩工头，走人了。

刘厂长听了老余的一肚子怒气后，表示像韩工头这种人，厂里还有几个，都得拿下来，让工人自己选。

刘厂长这些话，老余告诉了马恒昌；马恒昌心想：这怎么可能？过去都是上边说了算，癞蛤蟆都能上高墙，现在世界变过来了，能这么快吗？再说，工人都是凭手艺吃饭，从来都是自己管自己，让工人当头头，能行吗？

马恒昌这种想法，在很多工人的身上都存在。凭手艺吃饭，靠真诚待人，这就是他们的生活信条。

一天刚打下班铃，王金平急急忙忙地走进车间，来到马恒昌车床边，待马恒昌清理完车上车下的钢屑后，王金平问马恒昌下班有没有空。

马恒昌说，老婆孩子都在乡下，没啥事。

王金平说，要跟马师傅唠唠。

马恒昌让王金平回家吃完饭再来，别让老婆

孩子等他着急。

王金平苦笑了一下说，他老家在关里，还没解放，再说他家人谁都不知道他在这儿。

马恒昌的心一下子沉重起来，他更加敬佩王金平这个人了。

马恒昌没等王金平要跟他说什么，就先开口认错了，他说他前些天还在琢磨，解放军、共产党为啥对工人说话那么和气，问寒问暖，他品来品去，现在才明白过来，太晚了。

王金平说："不晚，不品不合情理。工人品解放军，解放军也在品工人，哪些人一心一意跟共产党，哪几个人总跟解放军过不去，甚至还要动刀枪，要暗害我们。"

马恒昌的心一下子又沉重起来。王金平的话没错，他常听到暗藏的特务打黑枪、搞破坏的事。马恒昌开始担心王金平的人身安全了。

王金平告诉马恒昌，他不怕，干革命随时都有做出牺牲的准备；他让马恒昌也不要怕，现在是敌人怕共产党，人民解放军正在查他们呢。

马恒昌问王金平，找他到底啥事。

王金平问马恒昌，"韩大巴掌"该不该换。

马恒昌说，这事得你们说了算。

王金平说，我们也听工人的，工人选谁是谁。

马恒昌头皮发炸了，让工人做主？从来没听说过，工人当头头，能行吗？

王金平说，工人是工厂的主人，将来工人还可以当厂长，现在工人当个班长，有什么不行？

马恒昌没话了。

王金平进一步说，你们组谁当组长合适？

马恒昌还是没吱声。

王金平对马恒昌说："大伙选你，你看……"

没等王金平说完，马恒昌立即插话说："不行不行不行。老朱大哥比我年长，见识广；小肖他们年轻有文化；老刘技术跟我差不多。再说我到这儿才半年，都这么大岁数了，又不认字，他们谁都比我强。"

王金平告诉马恒昌，他都问过这些人了，都选马恒昌，刘厂长和他也同意，怎么办？

这话又把马恒昌噎住了。

工厂主人

→ 生命百分尺

★★★★★

让工人当组长，这在厂里引来不小的轰动。工人们都说，现在的工人真是当家做主人了。

当上组长的马恒昌，早晨上班比平时更早了，走路的步子迈得更大了，言谈话语却越来越少了，这使马恒昌的弟兄们都好生纳闷儿，唯有他的老哥们儿老余略知一二。

为了让马恒昌开心，老余特意逗他："这官当得挺过瘾吧？"

马恒昌知道这是老余让他开心些，是善意，所以马恒昌也是正话反说："还不是你上蹿下跳，坑我！"

老余马上止住笑，说："得了吧，那我可就比窦娥还冤哪！"

马恒昌认真地说："你知道咱们车工一组，老的老，小的小，年龄相差二十来岁，技术相差三四级，人心想法不一样，干活都不好分配，得帮我出出主意。"

老余说："这有什么难的？咱们不是还有王干事吗！"

马恒昌说："王干事管全车间的事，够操心了，可不能再给他添乱了。"

老余说："那就去找刘厂长。"

马恒昌立即否决："亏你还想得出！"

正在此时，王金平手拿一卷图纸，急冲冲地走来。

王金平说："马师傅，你看上边来了新任务，是一批军品急活。"

马恒昌从王金平手中接过图纸，摊开一看，是过去从未干过的曲型小件，待他细细地端详了一会儿后，果断认定是闭锁机。

王金平十分高兴地说："还是马师傅有眼力，咱们车间好多班组，谁都没能认出来。"

老余听了很自豪地说："咱们马师傅可是个大工匠，老八级，到顶了！"

马恒昌用眼睛看了一下老余，转身对王金平说："干这活，还得好好研究研究。"

到了车间，马恒昌将图纸摊摆在工具台上，工友们都围了上来，一看这么多图纸就傻眼了，这到底是个啥样部件？

老余即刻接话："是高射炮闭锁机。"

一个工友问："余师傅，你干过？"

老余不好意思了，说："我？见都没见过，是马师傅刚才说的。"

马恒昌凭借干军工活多年的经验，他知道闭锁机是高射炮诸多部件中的核心件，件小，又是曲型状，最难干；如果没有现成的专门工装卡具，根本干不了。

△ 1949年5月，马恒昌与其他九名组员合影（前排居中为马恒昌）

王金平看到马恒昌半天没言语，就想到这活儿的难度很大；这要是在部队打仗，敌人的火力再强大，哪怕就是牺牲了，也要将敌人歼灭。

正在这时，刘厂长来了，他看到工人们都围在一起研究，特别高兴，就说："大家辛苦了！"

马恒昌说："刘厂长，干活是工人分内的事，怎么把你也惊动了？"

刘厂长说："这是驻军给我们厂下达的命令，大伙都看到了，国民党的飞机，三天两头来轰炸，敌人就是欺负我们没有高射炮，我心里急呀！"

马恒昌说："这活儿，咱们组得接；现在的关键，我们手里没有专门的工装卡具，外国人只卖给我们床子，别的精细东西，他们根本不给你。"

老余气愤了："这不欺负人吗！"

马恒昌说："我们不是也有一个脑袋、两只手吗？我们自己设计，自己制造！"

刘厂长感动了，他不停地摇着马恒昌的手说："马师傅，你这话我爱听，我们是新社会的主人，就要有中国工人的骨气！"

王金平也受到了感动，他说："刘厂长，你放心，我保证给师傅当好下手！"

刘厂长走后，马恒昌将图纸卷好，对大伙说："干活吧，等中午休息的时候，咱们再合计合计。"

夜，寂静得让马恒昌翻来覆去睡不着，他的耳边好像时时都能听到国民党的飞机扔炸弹的呼啸声，眼前还不断地闪现他干各种兵器活的情景。一个个部件，一张张图纸，总在脑子里交替对比着。马恒昌头痛得直用拳头拍打前额，不经意间就落在了日本鬼子给他留下的仇恨印记上。马恒昌气愤地骂道："小鬼子被打跑了，国民党还没有消灭掉，我们不能再受二遍苦、再遭二茬罪！"

马恒昌猛然起身下炕，他用凉水洗了一把脸，在屋子里踱来踱去。

工装卡具，必须赶紧造出来；0-25的检测器具，也必须尽快解决。马恒昌立即穿上棉衣，去敲老余的家门。

第二天一上班，老余就向王金平报告：马师傅昨晚坐火车回老家了，说有事儿。

马恒昌到家时，天快放亮了，他的妻子很吃惊地上下打量他。

马恒昌说："你把那个藏在炕琴下边的百分尺拿给我，我要赶火车，送给工厂。"

妻子立刻护住百分尺，说："那可不行，这百分尺，是咱们家的命根子、护身符，是全家人冒着饿死的危险，节省几年才买来的，老妈甘愿自己病死，才留下来的，你就那么狠心！往后，咱们全家还指望它活命呢！"

妻子哭了起来。

马恒昌也险些落泪。他觉得，妻子说的是实情，都在理上。但妻子是明白人，只要把事情说透，她是会答应的。

马恒昌坐到炕沿上，十分耐心地跟妻子讲，解放军一进城，就发高粱米，救了咱全家的命；土改工作队一进村，就给咱家分了两垧地。现在，咱家不愁吃，不缺穿，不被人欺负了，生活过得挺舒心；可是，全国还没有全解放，大多数的老百姓，还在受苦、受难，咱们应该帮他们一把……

妻子一听，也觉得光想自己家的事了，是有点理亏，她说："老妈在天有灵，她会知道的，你咋办？"

马恒昌说："你把孩子们都叫起来，咱们一块儿跟老妈说去。"

马恒昌和妻子、孩子一块儿来到老太太的坟前，将坟头上下左右的杂草都打扫得干干净净，然后就跪下了。

马恒昌手托百分尺，激动不已，他说："妈，你在天有灵，都看到了，是共产党、解放军救活了咱们全家。这个恩情不能忘。妈，我到现在还记着，你给我讲羔羊吃奶是跪在母羊身边的故事。你告诉我，这么小的畜生都知道报恩，可我对你老没做到，我没当成百分尺救你，是儿子不孝啊！可是今天，共产党、解放军对咱家的救命之恩一定要报。我想把咱家的百分尺送给工厂，是支援解放战争，消灭国民党反动派做枪炮急用的，妈，你不会不乐意吧？"

马恒昌声泪俱下的诉说，令妻子受到极大的触动。她说："当家的，我听咱妈刚才说了，咱们老马家做人，就应该这样，你送吧。"

马恒昌站起身，连早饭都没顾上吃，就大步流星地向火车站走去。

⊙→ 决战闭锁机

★★★★★

马恒昌捐献百分尺的行动，在全厂迅速掀起了加紧生产，全力支援解放战争捐献生产工具的热潮。

车工一组的工友们看到，在全厂工人捐献的各式各样的检测器具中，根本没有他们可用的工装卡具，这使他们感到接闭锁机这个活儿，着实有点冒失，他们担心干不好，对刘厂长没法交代。

马恒昌可不这样想，他认为，这活儿总得有人干，刘厂长批准了，是看好咱们，咱们不能自己瞧不起自己。马恒昌焦虑的是，他从来未干过这种活，不了解工艺流程；他没上过一天学，不会制图搞设计。但，军令大过天，时间不等人，敌机在逼人。马恒昌下了狠心，只要身子不倒下，就一定把活干出来。

马恒昌很镇定，他说："这活是我接的，责任在我，我相信那句话，路是走出来的，办法是从干里得的。我先干。"

老余立刻接话："马师傅，你这么说就不对了，你说过，活要大伙干，事得大家管哪！"

马恒昌说："这回是两码事。"

工友们互相瞅瞅，也没接茬，都各干各的去了。

下班后，老余看到马恒昌没走，就凑到马恒昌的床子前。

马恒昌对老余说："过去咱们干的轴类件是直的，现在干的曲型件，摇摆难走刀。"

老余躬下身一看，部件果然从卡盘上掉下来了。

马恒昌拿起部件，指着凹下去的地方，说："如果咱们在这个地方绑上一块东西，跟那边一样齐整，形成一个整体，卡牢固定好，床子再高速，也不会掉下来。"

老余称赞老马："你真有办法。"

马恒昌他们说干就干，也许是因为太兴奋的缘故，很快就补上一块料，床子一启动，部件又掉下来了。

马恒昌和老余立刻又惊呆了，这到底是怎么回事？

正在这时，王金平走进车间，看到有床子的灯还亮着，走近一看，是马恒昌和余师傅，就高兴地笑了："都下班半天了，咋还不回去？"

老余说："马师傅还在琢磨闭锁机的事儿，我想跟他学学。"

王金平说："马师傅是得带徒弟了。"

马恒昌说："余师傅是大工匠，我可没这个胆儿。"

王金平笑了："古话说一字一师，你这是一活儿一师嘛，我看可以。"

马恒昌说："我这活儿还没干出来呢。"

王金平说："我相信你，你也得相信你自己。"

马恒昌听明白了，王干事在给他打气；他必须争气，不光为自己，更要为全厂工人争气！

王金平说："不能太贪黑，明天还得上班呢，回去吧。"

马恒昌收起图纸和曲型件，同老余一起走出车间。

第二天一大早，马恒昌就进了厂，整个车间就他一个人。他拿起刚做成的斜度板胎具，准备和曲型件对接时，就听到空袭警报声猛然响起，并且一声接一声，响个不停。马恒昌将对接好的物件，紧紧地拥进怀里，仿佛要与它共存亡。

这时，老余跑进车间，一把拉住马恒昌，说：

△ 马恒昌与工友们在一起

"我就知道你会在这儿，敌机来了，你听没听到？"

王金平也跑了进来，他抓起马恒昌的手，感到很烫，说："马师傅，你病了，赶快进防空洞躲一躲。"

马恒昌满脸通红，说："他炸他的，我干我的，我命大，没事。"

"轰"的一声巨响，一颗炸弹把车间的玻璃震成碎片。

王金平命令道："余师傅，你快把马师傅拽走，他发烧了！"

马恒昌即刻向后拽，说："王干事，我找到办法了。"

老余也忘了敌机在轰炸一事，他高声问："什么办法？"

王金平也立刻松手："马师傅，你快说！"

马恒昌将怀里的物件，小心翼翼地卡在卡盘上，然后用他特制的一把微型刀具，紧紧拧在刀台上，车床启动，卡盘飞转，车刀顺利进入切削位置，只见铁屑伴着蓝烟，纷卷落下。

大功告成！

老余兴奋得忘了形，将马恒昌紧紧抱住，说："马师傅，我的亲二哥啊！"

王金平亦是激动不已，他拍着马恒昌的肩膀，也高声叫道："马师傅，你把车间当成了战场，你是一名顶天立地的工人，我感谢你！"

王金平说着就落泪了。

马恒昌看到了王金平的真诚，也落泪了。

老余更加高声地骂道："国民党，我操你八辈儿祖宗，你死到临头了！"

十七门高射炮闭锁机的生产任务，保质保量提前五天完成。从此，国民党的飞机，再也不敢轻易来犯，驻军首长前来致谢，刘厂长也很自豪地说："我感谢部队首长对我厂的信任，我更感谢我厂有像马恒昌老师傅这样一批优秀的工人，是他们给我开辟了一个特殊的战场，我永远同他们战斗在一起！"

→ 掏心献绝活

★★★★★

马恒昌冒死决战闭锁机，呕心沥血创制斜度盘胎具，在厂里迅速传开了，工友们无不称之是一个奇迹，是工人当家做主的榜样，许多工友们都来祝贺，不少人想拜马恒昌为师。

这些天来，马恒昌确实累坏了，致使他站立不稳，两肋如刀刺般疼痛，周身烧得像发疟疾一样抖动。马恒昌十分担心他的病让组里人看到，会影响工友们干活的心情，他想趁工友们不备，到厂里卫生所抓点药，对付过去。

医生刚要给马恒昌测体温、量血压，只见马恒昌鼻口流出鲜红鲜红的血，大夫责令马恒昌躺到处置床上，用酒精棉团将马恒昌的鼻孔塞好，然后给马恒昌测试。

血压100～180，体温超过40℃。大夫立即给马恒昌注射一支退烧针，并让他口服一片降压药。

大夫告诉马恒昌，不许再站床子了，那样会有生命危险。

正在这时，老余一脚迈进医务室门槛高声喊道："快拿点管拉肚子的药，不然上班就晚了。"

老余刚站定，看到马恒昌躺在床上，大吃一惊，问："怎么了？"

马恒昌一惊，"没咋的，就是有点小毛病。"

大夫告诉老余，必须让马师傅休息几天，不行就送他到市里住院。

马恒昌从厂医务所出来，很严肃地对老余说，如果老余把这件事捅到王金平那儿去，就不认识他。

马恒昌这句话，真的捅到了老余的软肋上。老余天不怕地不怕，就怕马恒昌不认他这个生死与共的好兄长！

老余深知，马师傅为了提前完成前线急需的军用活，每天都在玩命干；可这么干下去，马师傅真就要把命搭上了。

老余横下一条心，必须去找王金平。

此时的王金平，正在为车间个别班组出现的废品和急压件犯难。他思来想去，只能靠车工一组来解决。主意一定，他从办公室刚向门外走，老余一脚闯进来。

当老余将马恒昌的病况向王金平汇报后，王金平立刻同老余去见马恒昌。

马恒昌正在干活。

王金平立即将马恒昌的车床闸把拉下。

马恒昌一看是王金平，就笑了说没事。

马恒昌同王金平争来劝去，最后还是王金平答应马恒昌，同意马恒昌领着四名组员，到兄弟班组去支援了，一直干到很晚。

在回家的路上，马恒昌没同老余说一句话，吓得老余大气都不敢喘。此时，马恒昌一门心思想的是，这个班组落后的原因，不光是看图纸粗心，最主要的是对质量重视不够，太急于求快了。联想到车工一组的个别工友，也有这个问题，这可是一个应当及时解决的大事。

当马恒昌看到老余的家门，就不冷不热地说了句："弟妹还在等你吃饭呢。"

老余如释重负，马兄总算跟他说话了，就让马恒昌进屋一块儿吃。马恒昌这才笑着说："老余，真有你的，会告状了。"老余推门进屋，马恒昌转身去找王金平。

王金平告诉马恒昌，全车间产品合格率只达到80%左右，精品极少，这是个不小的浪费。现在是解放战争的决战时期，原材料就是用黄金也难买到，完不成支前任务，这是在犯罪呀！

马恒昌一听这话，心里更加不平静了。他向王金平讨教该怎么办。

王金平向马恒昌建议，将车工一组中午的例会扩大一些，欢迎车间其他班组的工友参加，共同研讨车工技术。

在王金平的支持下，车工一组的中午看图纸、讲操作的例会，变成了技术研讨会，依旧由马恒昌主讲。

马恒昌考虑工人们的技术等级参差不齐，特别是刚刚入厂的年轻人，对床子的型号、结构、性能、如何正确启动和排除故障等都十分陌生，就是一些等级较低的技工，在透视图纸、弄清技术要求上，也存在一些问题。马恒昌深入浅出的讲解和示范性的操作，使工友们都听得和看得入迷了。

△ 1950年初，马恒昌英姿勃发地手扶刀台，目视前方

王金平十分感慨，他说昨天还有人跟他说，吃饭还掉饭粒呢，出几件废品正常。王金平说他不赞同这句话，他就能保证吃饭不掉饭粒。王金平问大伙，马师傅没出过一件废品，这是为什么？这是因为他把每件钢料看得比黄金还金贵！

马恒昌立即插话，这错在他，是他没把组员带好。

老余说："我也是干活老图快。"

马恒昌说："干活快没毛病，关键是得用心，要先把图纸看得明明白白，记牢技术要求；干出头一个活后，一定要认真检测。这样做了，就能不出或少出废品。"

工友们都频频点头。

上班的铃声响了，工友们都迟迟不忍散去。

马恒昌跟王金平说："旧社会对师傅有个紧箍咒，叫教会徒弟，饿死师傅；好一点的是，师傅领进门，修行在个人。哪个师傅都不会把自己的手艺，全都心甘情愿亮出来，都要留一手；徒弟呢，就得全靠自己悟。现在解放了，工友们有吃有穿了，对共产党和解放军都有感恩之心，都想用多干活来报答。可最重要的一点被忽略了，就是怎样才能干好活，出绝活。"

王金平说："请马师傅再带个头吧。"

快下班的时候，工友们看到马恒昌从材料库里领来一根足有两米长的钢料，工友们都十分好奇地看着马恒昌。只见马恒昌将钢料牢牢地卡在卡盘上，然后从工具箱上取出一把刀具，将它紧紧地拧在刀台上。

工友们都停下手中的活，走到马恒昌的床子边。

马恒昌随手启动闸把，卡盘和钢件一起高速旋转。只见刀头强力切削，钢屑细长，左右翻卷，冒出缕缕蓝烟。

工友们一个个都瞪大了眼睛。

大工匠老林特别吃惊，他大声叫道："转速1400转！"他捧起余热未尽的光滑锃亮的丝杠，光洁度花六，连声叫好。

马恒昌激动得落泪了。这是他学成手艺以后干的头一个绝活；这活是他挨了小日本师傅一刀，偷学了几年才练成的；今天也不知道为什么，他要冒一次风险，考验一下自己的手艺，体验一下自己对支援解放战争的真情实感。

王金平的眼泪也要掉下来了，他紧紧握住马恒昌的手说："马师傅支援解放战争，把自己的生命都豁出去了。"

→ 甘愿当人梯

★★★★★

　　突然有一天，《沈阳日报》登载了沈阳机器三厂车工赵国有，创造了仅用37分钟成功加工出一个塔轮的生产新纪录，提高工效5倍多，被誉为新纪录运动的开创者。加工塔轮这个活，马恒昌在日本帝国主义和国民党反动派统治时期都干过。这活技术复杂，从底座往上共有八九个台阶，费时费力，一般级工干不了。马恒昌在那个年代，不会给这些敌人卖命的，他每天都在磨洋工，一天就干一个活，敌人找茬儿，马恒昌总能找到各种理由来掩盖。

　　现在，赵国有的事迹，就立在眼前，马恒昌不能等闲视之，况且马恒昌小组也有加工塔轮的活，咱们可不能落在赵国有他们后头。

马恒昌原想自己先开个头，做出个样子；可又考虑到年轻工人的渴望，特别是刚刚进组的青工小董，对干塔轮很有兴趣，他已经干了两天了，不能再换人。若那样做，肯定会伤了小董的自尊心，还可能伤害到别人。

小董 20 岁刚出头，人很正直，又肯钻研技术，他在没进组之前，由于卡盘出了问题，伤断了他的一只大拇指，流了那么多血，都没有掉泪，包扎不到两天后，就站床子干活了。

赵国有的事迹刊登出来后，这给小董极大的教育和促动。他总在想，赵师傅同自己使用的都是同样的车床，又干的是同样的塔轮活，为什么自己干得那么慢？原因在技术，更在没去想、没敢闯！

小董从自责中走出来。在休息的时候，手里总拿着那张报纸，一遍又一遍地看；在上下班的路上，小董总是在马恒昌身前背后问这问那。

马恒昌看得出，小董是真想把赵国有的技术学到手。马恒昌告诉小董，明天让他到机器三厂当面向赵国有请教，学习回来就站马恒昌的床子干活。

小董听了惊出一身冷汗，连声说不行不行，他深知那台床子是马师傅出精品、干绝活用的。

马恒昌说："加工塔轮是当前最大的绝活，咱俩一块儿学。"

小董在赵国有那儿学了一上午，回来后，又跟马恒昌讨教了苏联车工英雄科瓦廖夫工作法，然后制定出按工序加工的流程，工效显著提升，差一点儿就赶上赵国有了。

小董的信心更足了，他坚信马恒昌说的那句话，就是要相信自己，不断地超越自己，这才能成功。

马恒昌捧着小董加工出的塔轮件，端详了半天，说能不能创造一种多把刀同时切削的成型刀具，再提高一下车速，这样不仅干得快，还能提升光洁度。

小董听了，顿开茅塞，眼界豁然开阔。他太敬佩马恒昌了，马恒昌是他的指路人，是恩师！

在马恒昌的指导下，小董做成了一把新型的合成刀具。

试车那天，马恒昌床子前围了好多人，有工厂的领导、车间的工人，还有几位从未见过的外来人。小董的手有点抖动，马恒昌轻轻地拍了下小董的后肩，一股暖流传遍全身，小董镇定了，他卡紧零件，上好成型刀，闸把一抬，卡盘高速飞转起来。在车刀切削的尖叫声中，一缕缕蓝色钢屑，急速落下，瞬间就看到了塔轮的雏形，这时有人惊呼起来，马恒昌更是兴奋得不断看他手中的老怀表，自言自语地在说，三十分钟，三十五分钟……

一个锃亮放光的塔轮，在围观的人群中传递。

现场计时员高声宣布，从进刀到退刀，时间为三十七分钟，质检员也喊道，质量百分之百，光洁度花六。

又是一片惊呼！

小董像孩子似的哭了。

不少人将马恒昌围住，一个个都抢着同他握手。

小董被新闻媒体誉之为"塔轮大王"，一步登天了。

小董说："没有马师傅给我搭梯子，我上不了这么高。"

1951 年，小董作为中国青年代表团成员，参加了在德国首都柏林召开的第三届世界青年联欢会，1952 考入东北工学院，成为党培养的第一批大学生，毕业后回厂，成为机械行业卓尔不群的设备管理专家。

组长心智

组长的自责

　　1949 年 3 月，马恒昌秘密地加入了中国共产党，入党后的马恒昌，他的视野拓宽了，觉得有更多的事，急需他去做。特别是迎接红五月，开展生产竞赛以来，虽然组里想了许多办法，立了不少规章制度，但在落实到每个工友身上，还不是那么牢靠；组里仅有的几个大工匠，在如何出精品、献绝活，带动全组迅速提高工效，保质保量提前完成任务，尽快支援解放战争上，还得做些更细致、更耐心的思想工作；与此同时，马恒昌还注意到，组里还有两个人，总是踩着铃声上班，干起活来不紧不慢，有一回还迟到了。这跟有的工友怕耽误活，上厕所都来回小跑，形成了鲜明的对比。

　　马恒昌打算，要跟这几个工友唠唠，他们有想法要做通，有困难要帮助。老林成天不说话，总是埋头干活，不知发生什么事。昨天星期天，马恒昌想跟老林唠唠。马恒昌到了老林的住处，去了两趟，房门一直锁着。今天又起个大早，老林的房门还锁着。马恒昌趴他家的窗户，朝屋里看，只见炕上就一床铺盖卷。

马恒昌心急如焚，他想这都两年了，还没在四平找到他的妻儿和老母，多让人揪心哪！

马恒昌一米八十多的大个儿，一步迈出两尺多远，疾步如飞的样子，着实令路人瞩目。

车间里空无一人，马恒昌提前一个多小时到床子前，他自责了。这个组长当得真不够格，老林家里发生了这么大的事，都没伸出手，还想让人家干这做那，这说得过去吗？老林真是好样的，天天干满干好八小时，不出一件废品，真不易！由此，马恒昌联想到踩铃上班的人，他们没丁点儿错，即便是上班迟到，但毕竟也来干活了，这也很难得，不能责怪他们，要责怪的是自己不该有想法，因为人人都图个脸面啊！

上班的铃声刚一响，老林就大汗淋漓地跑进车间。马恒昌主动迎上去打招呼。老林像是没听到，卡上活就干起来。

中午，老林没吃饭，干坐在一旁听课；下午干活，还是一句话也不说。

马恒昌的心越发地往一块儿揪，可算下班了，马恒昌立即凑到老林床子前，问到底是什么情况，老林只是摇头，还是不言语。

马恒昌说："林师傅，这事儿怨我，光想着干活了。"

老林万万没想到马师傅会说这种话，他很感动，就说："马师傅，都怪我自己没能耐啊。"

马恒昌说："这都是旧社会逼的，是蒋介石、国民党的罪孽！"

老林从马恒昌的自责中看到了他的真诚，就原原本本地讲述了全家逃难的经过。

早先，老林全家都在沈阳，全靠老林一个人挣钱糊口，生活十分艰辛。十四年的亡国奴生活，将他们摧残得死去活来；国民党的横征暴敛，又把他们逼上了绝路。1946年初被逼无奈，老林跪求老母，携妻儿投奔远在四平的亲戚。两年多来，因为四平战事吃紧，老林多次被国民党驻军拒之四平城外。直到1948年3月四平解放，老林才得以进城寻找他的亲人。令他万万没想到的是，他亲戚家房屋倒塌，左邻右舍也没人，打听不到亲人的去向。同年11月2日沈阳解放，老林背上工厂发放的高粱米，再次去四平，还是没有打探到亲人的行踪，老林坐在瓦砾上，号啕大哭。

老林声泪俱下的哭诉，令马恒昌心如刀绞。当马恒昌得知，老林没跟王金平说过他家的这件事后，马恒昌立即说，这事由他办，他有办法。

老林看到了马恒昌的执着，老林想如果真能找到老妈她们，自己豁出命去支援前线。

事情果然朝着马恒昌所期盼的方向发展，老林像换了一个人似的，每天上班来得特别早，用不到半天的时间，就干完一天的工作量，然后就主动伸手帮别人干活。

老林来到一个车铜活的床子前，这活图纸复杂，技术要求高，比较棘手。别人一个星期干不到10个，老林只换了一把刀，高速、强力切削，铜屑冒着蓝烟纷纷落下。他一下午就干了6个，工友们叫好不已。

是晨起喜鹊的当头鸣唱，或是母子连心的感应，老林预感喜事的来临,他快步向工厂走去。

王金平和马恒昌早早就在车间等候老林。

王金平告诉老林,昨天夜里接到四平打来的电话,说在四平郊区找到了他的母亲和妻儿,并说今天下午就到沈阳。

老林被惊呆了,眼泪哗哗流淌,然后就大哭起来,拥住马恒昌说:"你是我的亲哥!"

马恒昌拍打老林肩头说:"是王干事干的。"

王金平说:"是刘厂长向市里打的报告。"

正在这时,工厂通讯员前来报告,说老林老母她们下午2点钟到站。

马恒昌催促老林,赶快把屋子收拾收拾,

△ 1949年马恒昌小组建组后的中午技术研讨会上,马恒昌主讲技术革新

千万别耽误接站。

王金平让家属住厂招待所。

老林说："可不能再麻烦工厂了。"说完转身就跑出车间。

老林走后，王金平告诉马恒昌，关心群众生活，是共产党和国民党的根本区别之一。这件事，马师傅做得很对，刘厂长特别满意。

马恒昌说，他做得还很不足，他的脑袋笨，希望王书记多提醒。

王金平笑了，说："全厂有谁能把床子打到1400 转？还说笨。"

马恒昌说："工人的家事都是小组的事，往后我到各家走走，知道都住在哪儿，家有几口人，有什么困难需要帮忙……"

◁ 在马恒昌小组倡议下，全厂掀起了捐献器材运动和劳动竞赛活动的热潮。这是建组初期小组组员忘我劳动的情景

王金平说："马师傅真有你的，干什么活都超前了。"

马恒昌说："可半年前，你就去过我乡下的家啊！"

王金平和马恒昌互相看了看，一块儿笑了。

➔ 第一面红旗

★★★★★

老林家事的解决，在工人中引起巨大的反响，工友们都说，工人真是工厂的主人了。从工厂领导到办事部门，心里都装着工人。马恒昌也觉得，沈阳的天是那么蓝，地又那样阔，工厂可爱，工友可亲，工人给自己干活真好。

俗话说：人心齐，泰山移。工人干活的积极性都调动起来了，为迎接红五月开展的生产竞赛，搞得如火如荼。"打倒蒋介石解放全中国"的宣传标语，贴得琳琅满目，车间里马达的轰鸣声和车刀切削的尖叫声，交织在一起，奏出全厂一片欢腾！

车工一组工人，大多都提前十多分钟上班，每天都能干出两天的活，产品质量几乎达到百分之百，这是一件很了不起的奇迹。

作为车工一组组长的马恒昌，对此并不满意，他感到还有不少方面的潜力没有挖掘出来，有的还没挖到份儿，这都是组长没有及时指出的过失。

中午的技术研讨会，马恒昌的一句话改变了初衷。他说："大伙都知道乌龟和兔子赛跑的故事，也明白寸有所长，尺有所短的道理。咱们组在车间，现在是走在前面了，可在全厂、在全市又走在哪儿？再说，咱们是制订了好多制度，也有几项保证措施，可落在每个人身上，具体都管什么？比方说，谁管全组的测量卡具？谁负责车床的保养？谁来当考勤？谁做工会和家属工作？还有谁来教大家学文化、读报纸？这些事，都没落到实处。"

大工匠张师傅说："马组长说得对，大伙都记得，马师傅捐献的百分尺，上个月就找不着了，大伙找了一个多小时，最终在林师傅车床的底板上找到了。我有个想法，我接触的工具比较多，

△ 50年代初期的马恒昌

我把全组的精密工具，都编成号码，谁用就跟我吱一声，丢了我负责。"

大工匠林师傅特别不好意思，他说他那个时候，找不到老妈，心情不好，干活分神，往后不会再犯了。他表示，他站过的床子比较多，对一些床子的结构和性能比较了解，他提出由他负责车床的保养和维修。

全组最年长的老大哥朱师傅，念过几年私塾，还站过几年柜台，会打算盘，他提出由他负责教大伙认字。

老余和小赵一直在交头接耳，最后，老余清了清嗓子，说他同小赵俩一块儿统计生产进度和家属工作。

年龄最小的小童念过三年书，眼下的报纸全能看下来，他说他给大伙读报，了解国家大事，增强干劲儿。

车工组的中午技术研究会，变成了表决心立志会。马恒昌很高兴，他说："我还是那句话，小组的活大家干，小组的事大伙管，咱们是工厂的主人，就得做出主人的样子。"

当天下班后，马恒昌向王金平汇报了小组工管员的分工决定。

王金平说："这个做法很新，能充分调动每个人的积极性，这可是个管理小组的新路子啊。"

经过一个月紧张而欢快的奋战，车工一组以开展技术革新、加强班组民主管理和优质超产的优异成绩，在全厂各个班组中名列前茅。

1949 年 4 月 28 日，沈阳第五机器厂召开迎接红五月开展生产竞赛总结表彰大会。刘斌厂长在总结报告中，全面肯定了车工一组的先进经验。他指出，车工一组实施的班组民主管理制度，是工人阶级的一大创举，是工人运动史的一个奇迹！

最后，刘斌厂长高声宣布：车工一组荣获全厂第一面"生产竞赛模范班"红旗，车工一组正式改名叫"马恒昌小组"。

师徒新合同

★★★★★

1949 年 4 月，马恒昌小组被正式命名后，一天早上，马恒昌干完了一个活，正在松动卡盘卸件时，王金平领着一位身着旧军装的年轻人，对马恒昌说，他给马师傅选来一个徒弟，看看是否中意。

马恒昌看到这个年轻人，大高个儿，大眼睛，高鼻梁，有 20 岁左右的样子，上衣兜上还插了一支钢笔，蛮精神的。马恒昌断定，一定是新到车间的领导，就笑了，说："王书记，你有话就直说吧。"

王金平也笑了，说："我好几回要拜你为师，你都不应，这回是真的要你带徒弟了。"

马恒昌止住笑，半真半假地说："我岁数大，恐怕带不动。"

王金平说："小组十来号人，你都带起来了，干得还那么好，连东北人民政府主席都知道你的名字……"

马恒昌一听这话，顿时语塞了，就说："带带看吧。"

王金平最了解马恒昌了，马恒昌从来不说大话，他说的带带看，就是在做保证。王金平放心了。

王金平向马恒昌介绍，这个年轻人刚从部队复员，是一名中共党员，他从报纸上看到马恒昌的事迹后，很受教育，一心想拜马恒昌为师。

王金平还告诉马恒昌，刘厂长也很想让马师傅在带徒弟方面做出个样子，为全厂开出一条新路子。

马恒昌对此心里明镜似的，这是党组织对他的信任和激励，担子不轻! 就说，王书记是硬赶笨鸭子上架。

王金平笑了："我这是想把你当靶子使。"

这个年轻人在一旁看到，王书记和马师傅这么诙谐的交谈，表明了他们之间的关系是那么亲密，真是令人敬羡。

这个年轻人说："我爸告诉我，师徒如父子，今后，马师傅就是打我、骂我，我都不会有一句怨言。"

马恒昌听完这个年轻人的话，对王书记说："这个年轻人，我相中了。我知道，徒弟是师傅的影子，我没文化，就让他教我认字，我教他手艺，我俩互教互学，你看怎么样?"

王金平听完师徒俩的话，就像在战场上发现新战机似的，兴奋地说："马师傅，你们俩互帮互学，这可是一个双向的新型的师徒关系，这是在向旧社会"教会徒弟，饿死师傅"的陈腐观念宣战，更是为工厂的人才培养和开发闯出了一条新路。马师傅真的就是马师傅，太好了！"

第二天，这个年轻人早早就到了车间，将马恒昌的闷罐车床擦拭得干干净净，又将工具摆放得整整齐齐，然后就静候马师傅的到来。

马恒昌看到这个年轻人这么勤快，相当满意，他说："从今天开始，我一边干活，一边给你讲这台床子各个部分的构造和功能，我干活时，你要留心看，看不明白就问。"

这个年轻人用在部队接受任务时说的那句话：保证完成任务。

马恒昌说："旧社会时，学徒要三年。我教你三个月，或者时间更短。你就能看懂图纸，学会操作。"

这个年轻人听到这句话特别激动，就说："部队首长告诉我，工厂就是战场，要冲锋在前，努力当好工厂的神枪手和爆破手。"

马恒昌说："这话我爱听。"

这个年轻人真没让马恒昌失望。在他的小本子上，密密麻麻地记着车工技术方面的知识，还有马恒昌平时的言谈话语。工友们都夸奖这个年轻人是小组的"活字典"。

➔ 他是个工人

★★★★★

马恒昌小组接纳一个日本籍工人入组，这在全厂成为一件爆炸性的新闻。

有人说，马恒昌真是好了刀疤忘了疼，日本鬼子没一个好东西。

也有人讲，马师傅年龄大了，糊涂了，他这么干，肯定会把小组的名声给毁了。

还有人不这么看，认为马师傅有眼光，他能把检修兵器的高手调进组，这对支援解放战争太有利了。

工人们的七言八语，不可能不传到马恒昌的耳朵里，对此，马恒昌的心里很平静。这是为什么？

组里不少人都知道，马恒昌恨透了日本帝国主义，日本鬼子在辽宁抚顺屠杀和活埋了上万名中国人，令人发指的"万人坑"，就是他们留下的罪恶铁证；马恒昌前额上落下的刀疤，更是他对日本帝国主义的仇恨印记。

马恒昌说，有些事不能只看一面就下断言，我们工人有不少人，都给日本鬼子干过活，不能说没有中国人的良心，那是被逼的；日本投降后，我们也给国民党反动派干过活，也不能讲是支持蒋介石打共产党。同样的道理，日本人也不都是好战分子。特别是像获村那样的年轻人，他到中国来时才18岁，刚出校门，什么坏事都没干，只在厂里检测枪炮。两个月后，日本帝国主义无条件投降了，获村没回国，留在这里一干就是五年，为支援解放战争做出了贡献。他是一个好青年。

马恒昌越说越激动，他说："我总觉得不管是谁，只要能帮着咱们中国，他就是好人、好兄弟。"

马恒昌说到这儿，获村走进车间，直向马恒昌奔去，他深深地向马恒昌鞠了一躬，说："马组长，谢谢你，找到了。"

这个人姓获村，中等个头，面孔白皙，是个笑面人。他说的"找到了"，是指马恒昌向厂里反映帮他找未婚妻的事，厂里通知他在安东（今丹东）找到了。

马恒昌立即伸出双手，将获村扶起，说："千万别这样，都是兄弟，应当帮忙。"

获村说："你们在人格上，没欺辱我，还收留我；在生活上又来帮我，我感恩不尽了。中国是我第二故乡，你是我的再生父亲。"

马恒昌深知这是获村的心里话。马恒昌再次跟获村讲，他们是兄弟，是一家人，现在得赶紧把未婚妻接过来，在厂里找个事做。

获村万万没想到马组长这么为他着想，就更感动了，直叫马恒昌"义父"。

马恒昌理所当然地谢绝了。

荻村的未婚妻很快来到沈阳，小组工友又给他们张罗住房和结婚的事宜，荻村夫妇感动得热泪盈眶。

1950 年美帝国主义发动了侵略朝鲜战争，战火很快烧到了鸭绿江边，中央政府决定，将沈阳部分重点企业北迁齐齐哈尔，荻村夫妇随着首批人员来到冰天雪地的边陲小城，荻村妻子在厂里卫生所当护士，荻村本人在马恒昌小组带上了徒弟，成绩非常突出，受到了齐齐哈尔市政府的表彰。

1953 年根据中日协定，荻村夫妇泪别中国。回到日本后，荻村自办了一座专门生产汽车前窗的雨刷器小厂，后来发达了，在日本小有名气。荻村常说起在中国的快乐生活，并以马恒昌小组组员引为自豪。由于荻村力倡中日友好，被选为日本中国技术交流协会副会长，受到了国家副主席王震的亲切接见。

一生从不吸烟、不喝酒、不请吃、不吃请、不送礼、不收礼的马恒昌，在他当上第四届全国人大常委后，头一次在家设宴款待来访的老朋友荻村。荻村对此激动不已，他再次施大礼要拜马恒昌为义父。

荻村又一次泪别齐齐哈尔。回国后，考虑到义母年岁大，耳又背，特地寄来一件袖珍助听器，还有一座印有樱花图案的扇形电子表。马恒昌特别珍视地摆放在家里的写字台上。1985 年马恒昌辞世后，荻村发来唁电，深切缅怀和哀悼马恒昌。

工人是天

→ 开国劳代会

★★★★★

　　1949 年初，马恒昌秘密加入中国共产党后，他为支援解放战争，不分昼夜、舍生忘死地去完成一批批军需任务，致使他的病情日趋加重。新中国诞生后，面对帝国主义严重的经济封锁和疯狂挑衅，再加上国家为保卫新生的红色政权，百业待兴。马恒昌感到，工人阶级肩上的担子更重了，他决心做到：只要自己有口气，就一定要把床子开动起来。

　　1950 年 8 月的一天，马恒昌险些晕倒在车床边，幸亏工友们及时发现，强行将他送到医院，经过一段抢救性的治疗后，马恒昌的血压平稳了，鼻子不再流鲜血，脑袋能轻轻转动，生命脱离危险了。

　　马恒昌对工友们说，日本鬼子被打走没几年，美国鬼子又要来打中国，我是啥心情？我能躺得住吗？我得出院！

　　沈阳市和东北人民政府领导闻讯后，开

着吉普车，硬性将马恒昌送到鞍山七岭子温泉疗养院。

马恒昌在疗养院度日如年。他每日天一放亮，就走出疗养院大门，直奔北山坡张望，他太想念工厂，太牵挂工人兄弟了。有一回，他早早就起来，偷偷脱掉疗养服，还有几步就走出疗养院大门，被宋院长拦住了。宋院长没有责怪马恒昌，就说是东北人民政府林枫主席给他的任务，让他一定要将马恒昌的病完全治好。

马恒昌一筹莫展。他每天的"眺望"，都有护士和警卫跟着，说是山上有野狼，怕出现意外。

真是青天有情！

1950年9月20日一大早，马恒昌刚走出病房，宋院长急步走来，告知马恒昌，昨晚他接到东北人民政府的电话，让马恒昌去北京参加全国劳动模范代表大会，不知身体怎样？

马恒昌即刻回答道："没问题，病早就好利索了。"

宋院长笑了，病好没好，这得大夫说得算。

其实，马恒昌也心知肚明，得病如山倒，去病如抽丝，马恒昌说病好了，连他自己都不信。不过，马恒昌觉得，他这样说，有两个好处：第一，他可以回到沈阳，回到工厂上班；第二，说不定还能见到毛主席，这是他一生的愿望。

马恒昌心急如焚，他恨不得立刻插上翅膀，飞到沈阳，飞向北京！

9月28日，沈阳火车站广场，锣鼓喧天，手舞彩绸的人群，夹道欢送赴京的东北地区劳模代表。东北人民政府林枫主席、总工会主席张维桢等领导，同代表们一一握手话别，他们都叮嘱马恒昌要注意身体。

次日，全国各地代表都聚集在北京丰台火车站，这里更是热闹非凡，站台上、车厢里，欢声笑语一片。马恒昌突然看到，远处的天地在移动，窗边的电线杆子向后退，持枪的士兵背向车厢站立——火车驶出了丰台站。

火车是谁开？这么稳当！当有人告诉马恒昌，是毛泽东号司机长李永时，马恒昌惊讶了，心想：东北地区的劳模，同样不简单，像鞍钢的孟泰、女火车司机田桂英等，都是自己的学习榜样。

火车到了北京站，邓颖超大姐也前来迎接，马恒昌特别感动。待到专车驰进中南海后，马恒昌更是惊讶无比。

中南海，过去是皇帝经常出入的地方，现在咱们一个普通工人，能来到这个地方，这不是把工人捧到天上了吗！

更让马恒昌想不到的是，在开国劳代会上，还让他讲话，他能说什么？又会说什么？他只有一个心思，就是感恩共产党，感恩毛主席！

9月30日晚上，中共中央和政务院在怀仁堂举行国庆一周年招待酒会，招待中外来宾和全体开国劳模。马恒昌被推举为向毛主席敬酒第一人。

马恒昌心想，比他更知名的劳模多了去了，比如老区的赵占魁、刘英源，还有吴运铎，都是自己学习的好榜样，向毛主席敬酒的应该是他们，自己真没这个资格。可全国总工会的领导就这么决定了，不能改，马恒昌只能服从。当天夜里，马恒昌怎么也睡不着，他始终在想，向毛主席汇报什么？是说共产党怎么把他从旧社会的苦海里解救上来，还是讲工人阶级怎样支援解放战争？毛主席能有工夫听他讲这些吗？肯定不行。那么，到底应该说些什么呢？

马恒昌翻来覆去，就是睡不着觉!

9月30日晚，怀仁堂灯火辉煌，当毛泽东主席、刘少奇、周恩来、朱德等党和国家领导人缓步走上台前，微笑着向宴会大厅站立起来鼓掌的人群挥手致意时，马恒昌真的是惊呆了，他两眼紧盯毛主席，使劲儿地高喊毛主席!

当一位领导向毛主席介绍说，他就是马恒昌时，毛主席连声说："马恒昌，我知道，我知道，我知道。"毛主席说的"我知道"，感动得马恒昌顿时热泪盈眶，他想到，毛主席处理国家大事，整天那么忙，还知道一个工人的名字，真的是把我们捧上天了!他千言万语都涌上心头，真不知说什么好了，憋了半天，只说了祝毛主席健康!

毛主席同马恒昌碰杯，说："也祝你健康!"

这次劳代会，马恒昌被评选为全国劳动模范，马恒昌小组荣获全国"生产战线上的模范"称号。

马恒昌回到沈阳后，工友们都争抢同马恒昌握手，都要同马恒昌分享这份幸福。

→ 向全国挑战

★★★★★

1950 年 9 月，美帝国主义悍然发动了侵略朝鲜的战争，战火已经烧到了我国鸭绿江边，严重地威胁到我国新生的红色政权和人民的生命财产安全。是可忍，孰不可忍！

1950 年 10 月 20 日，东北人民政府下发指令，将沈阳市部分企业，疏散到北国边陲的几座城市，以期做好战备和工业合理布局。沈阳第五机器厂被列入搬迁企业之一。

马恒昌此时正在辽宁鞍山七岺子温泉疗养院治病，他闻讯后，立刻要求奔赴北迁第一线。

马恒昌的病刚刚平稳，他的请求理所当然地被领导否决了，这使得他更加不安起来。他想到，马恒昌小组必须要带这个头，一定要走到前面，作为组长，更要义不容辞。当然，马恒昌也想到，此次北迁，先行者虽然是少数人和部分重要设备，纯属是军事机密，上级不讲迁往何地，只讲不让家属同行，这对久居沈阳、从来没出过远门的工人来说，故土难离之情，更是难以言表。

马恒昌同疗养院宋院长争论得面红耳赤，护士和警卫寸步不离，马恒昌的血压又上升了。

马恒昌躺在床上，一直在思忖：也许领导的决定是对的。现在，小组由他的好兄弟当代理组长，半年多来，干得非常好，自己争抢要回厂，好像对人家不信任，自己是应当冷静些。再说，小组人人都是共产党员，个个都是从旧社会死亡线上拼杀过来的，牺牲生命都不怕，还怕困难吗？

正像马恒昌想到的那样，马恒昌小组工人第一批登上了开往北疆的火车。

火车满载着机密和钢铁般的斗志，披星戴月地出发了。

车轮急速的哐哐声，碾碎了漆黑的夜空，牵出了沉睡的太阳令其同行，车厢外，白色气雾铺地，枯草被冻得瑟瑟发抖；光秃的盐碱地，也冷得咧开了嘴；狼两眼圆瞪放出的绿光射向前方；低矮的泥土房，像一个秃头顶——北大荒啊，真的荒凉得无与伦比！

火车经过一夜加多半天的狂奔，疲倦地吐着雾气，终于停靠在齐齐哈尔铁道线上。

齐齐哈尔，这是一个多么陌生而又难懂的

地名，难怪达斡尔族语称之为"边城"了。

齐齐哈尔确实是北国的边城，它坐落在黑龙江省西部，当时是黑龙江的省会，人口才十几万，全市没有高层建筑，只有市中心的"九·一八"国耻纪念碑比较高，一条不足十里长的丁字街，是柏油铺就的道路，其余全是泥沙路，凹凸不平，夏天泥沙翻浆，路人难行。毛驴车和人力车是这里最主要的交通和运输工具，全市没有一家重工业，只有新华木材厂、建华麻袋厂、蛋粉厂和被服厂等十几家轻工业和私人手工业。

沈阳第五机器厂要在齐齐哈尔扎根并谋求发展，谈何容易！现在，当务之急是铁道线上的机器怎么运，第一批北迁来的还不足百人。有吊车吗？有运输车辆吗？没有！没有！有的只是呼啸不止的西北风和挑衅的野狼吼。

北迁的困难，马恒昌是通过北迁工人、他的外甥梁家藩得知的。

梁家藩告诉二舅马恒昌，工人用撬杠将设备从火车车厢滑落到地面，然后用滚杠架起车床，一点一点地往前滚动，全是用人拉肩扛，将一百多节车厢1100多吨的机器，运送到新厂址。这真是我国企业搬迁史上的奇迹！

经过三个来月的搬运、安装和调试，新建的齐齐哈尔第十五机器厂，于1951年元月1日开始了部分生产，他们首先生产的是，朝鲜前线急需的空军战斗机的附油箱、地面部队的信号枪、运送弹药汽车的防滑链子，以及弹头机、火帽机和装药机等。这些机器的自动化程度要求都比较高，马恒昌小组工人主动加班加点，不计报酬，一直冲在前面，他们提出，新年春节不回沈阳探亲，保证出满勤，干好活，以实际行动，支援抗美援朝，

△ 1951年1月17日，马恒昌小组通过《工人日报》向全国工人兄弟发出开展爱国主义劳动竞赛的倡议，从而拉开了全国职工大规模劳动竞赛的序幕

保家卫国!

1951 年 1 月 17 日，马恒昌小组还通过《工人日报》，向全国各条战线发出了开展爱国主义劳动竞赛的倡议，很快形成了一个全国性的生产热潮。据记载，全国有一万八千多个班组和企业应战，被称为"马恒昌小组运动"，开创了新中国工运史上的新纪元。

马恒昌在《工人日报》上发表了一封公开信，他说："我们小组首先要做个榜样，事事要走到前头；不要光向我们小组应战，尽可能多地推动所有班组参加到全国爱国主义劳动竞赛里来，这样起的作用更大一些；不要犯冷热病，要持久地经常坚持下去。"

积极支援抗美援朝战争，加快我国经济恢复和建设步伐，创建马恒昌小组式的班组，已经成为当时人们的人品准则和行为时尚。

→ 到朝鲜慰问

★★★★★

　　马恒昌没有想到，他们小组发起的开展爱国主义劳动竞赛的倡议，通过国家新闻媒体的传播，很快传到了国外。苏联和东欧一些社会主义国家都做出相关报道。特别是苏联，他们不仅派出考察团，还出版发行了马恒昌身着工作服、手扶刀台、目视前方的邮票；马恒昌没想到的还有，马恒昌和马恒昌小组，还收到来自朝鲜前线的二百多封信件，信件中都表示决心向马恒昌小组应战，以夺取抗美援朝的最后胜利，来回报祖国和人民。

　　对此，马恒昌小组和马恒昌本人备受鼓舞。他们进一步修订了爱国公约，制定了降低工时定额、每月献工一天和献出 50% 奖金的实际行动，大力支持抗美援朝战争。据估价，可捐献 1000 多吨粮食，这是个特别可观的数字。

　　从挑战发起之日，马恒昌小组当年提前

两个半月完成国家下达的生产任务，创造了69项生产新纪录，产品合格率高达99.61%，这是非常难得的高标准。

为了加快我国经济建设步伐，更多更好地支援抗美援朝战争，马恒昌迟迟不赴京就任全国总工会劳动部副部长一职，心甘情愿当一辈子工人，继续发挥一名工人的桥梁和带头作用。这更是令人费解的非凡之举。

1952年10月，正在沈阳东北实验学校（现今的辽宁省实验中学）学习的马恒昌，接到中央人民政府和抗美援朝总会的通知，让他参加中国人民第二届慰问团，到朝鲜前线慰问中国人民志愿军和朝鲜人民军，并荣任东北分团副团长一职。对此，马恒昌特别兴奋，他能亲眼见到最可爱的人了！

当火车一过鸭绿江大桥，马恒昌举目朝鲜新义州，漫天战火硝烟，地面弹坑累累、疮痍遍野。孤寡老者、妇女儿童，他们破衣烂衫，肩背草袋，头顶簸箕，步履维艰地搬石运沙，抢修军用通道。马恒昌看到这里，不禁潸然泪下。

慰问团不顾敌机俯射和炮火封路，昼夜兼程，直奔战争最前线。

志愿军战士们听说祖国派来慰问团，一大早就跑到山下来迎接。当他们看到马恒昌的年岁比较大，身体还虚弱，就争着抬他上山上阵地；待到达山上阵地防空洞里，干部战士听说马恒昌同毛主席握过手，都争着拉住马恒昌的手不放，满含热泪说，他们特别想念毛主席！

志愿军首长首先汇报了当前的战事情况，他讲到中国人民志愿军和朝鲜人民军并肩作战，沉重地打击了美帝国主义和傀儡李承晚的嚣张气焰，若不是敌人凭借空中优势和精良的武器

△ 马恒昌与解放军英模代表交流经验

装备，早就将他们彻底、全部消灭了。

马恒昌听到这里，特别解恨，他挺身站起，跟部队首长热切握手、致谢，他特别感谢志愿军将士，给祖国和人民带来了安宁和幸福生活。

马恒昌接着向志愿军将士们介绍了新中国成立两年多来，在毛主席和共产党领导下，祖国发生的巨大变化和各条战线所取得的重大成就。同时，也介绍了马恒昌小组工人，如何感恩毛主席，紧紧跟随共产党，一步一步地走到了今天。

战士们听得一个个张着嘴、亮着眼，直盯盯地看着马恒昌，他们太感动、太思念祖国和亲人了。

慰问团还慰问了朝鲜人民军，发放了用朝鲜文字书写的慰问信，并赠送了慰问品，受到人民军将士的热烈欢迎。

　　慰问团的上述活动，在今天的马恒昌小组展览馆里，都有珍贵的照片和签名手册收藏。

　　10 月 26 日，朝鲜人民的伟大领袖金日成首相在人民军总部接见了慰问团部分成员，马恒昌十分荣幸地同金日成首相握了手。金日成首相高兴地说："我早就听说了你的名字，今天见到了你，我十分高兴。"

　　马恒昌听了这话，特别吃惊，一个外国国家领袖还知道一个普通中国工人的名字，并且汉语说得这么好，太让人感慨万千了，马恒昌真不知说啥更稳妥、更能代表他此时的心情，最终只说

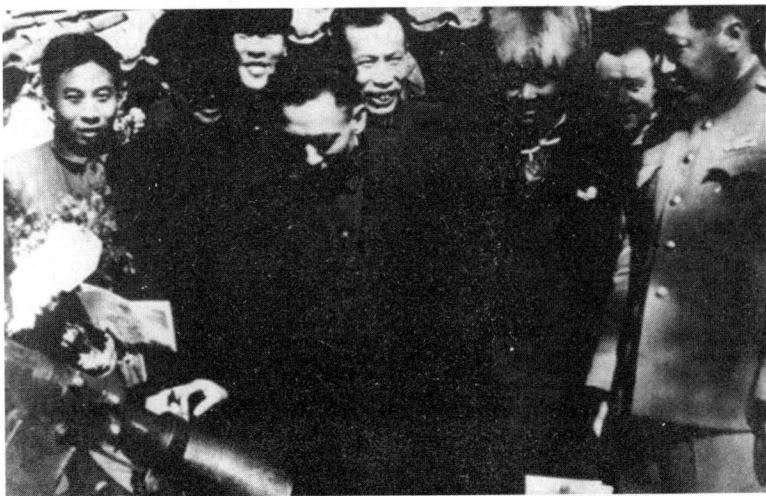

△ 1952 年，马恒昌赴朝鲜慰问中国人民志愿军，在平壤受到金日成首相（右一）亲切接见

了一句："祝金首相健康，祝朝鲜人民取得最后胜利！"

金日成特别高兴地笑了。

马恒昌这次去朝鲜慰问，受益匪浅，令他大开眼界，让他进一步理解了唇亡齿寒、中朝人民是一家人的大道理，更深刻地感到，中国工人阶级肩负的历史使命，是那样的艰巨和神圣！

→ 当家做主人

★★★★★

1953 年 7 月 27 日，美帝国主义发动的侵朝战争，在中国人民志愿军和朝鲜人民军的沉重打击下，在板门店被迫签订了停战协定。在国内，我国胜利完成了"一化三改"的艰巨任务，国民经济全面复苏，中国人民踏上了更为壮丽的新征程。

1954 年 9 月，一个秋风送爽的艳阳天，正在沈阳东北实验学校劳模班学习的马恒昌，接到沈阳市人民政府的通知，让他赴京

△ 1954年第一届全国人代会时，马恒昌（右二）与孟泰（中）、王崇伦（右一）和李永（左一）在一起交流经验

参加第一届全国人民代表大会，这是马恒昌难以置信的天大喜事。

马恒昌觉得，他早在 1951 年，就将户口签到了黑龙江，当了四年"齐齐哈尔人"，怎么可能在沈阳市当选全国人大代表；再者，他现在是一名"中学生"，怎么可能以此种身份当选？马恒昌思来想去，不得其解。最后，他认定：沈阳这块宝地生养了他，给他以起步和成名的机会，并且还高看了他，让他当代表。马恒昌决定，还是去北京，去见毛主席。

鞍山钢铁厂的老英雄孟泰、被媒体颂之为"跑在时间前面的人"王崇伦、新中国第一位女火车司机田桂英，马恒昌同他们同乘一列客车，前往首都北京。

1954年9月15日，第一届全国人民代表大会在怀仁堂隆重地召开了。来自全国各条战线、各个民族的代表，共1210人参加了大会。

马恒昌坐在第三排，离主席台不远，他目不转睛地紧盯主席台。当毛主席、刘少奇、周恩来、朱德、宋庆龄、张澜、李济深和高岗，从侧幕向主席台正中走来时，全场代表肃立，长时间热烈鼓掌。马恒昌真切地看到，毛主席比1950年胖了许多，他满面红光地向代表们鼓掌和挥手，马恒昌再一次感受到了幸福和激励。

毛主席首先讲话。他向全会报告出席会议的代表人数、会议日程安排、此次会议的性质和重大意义。毛主席说："我们的总任务是：团结全国人民，争取一切国际友人的支持，准备在几个五年计划之内，将我们现在这样一个经济上、文化上落后的国家，建设成为工业化的具有高度现代化程度的伟大国家。"

"我们正在做我们的前人从来没有做过的极其光荣而伟大的事业。"

"我们的目的一定要达到。"

"我们的目的一定能够达到。"

马恒昌感到，毛主席的开幕词，字字千斤重，再加上毛主席的巨手一挥，就好像天摇地动。马恒昌听得热泪在眼眶里直转，两只手拍得发烧。马恒昌多么希望毛主席再继续讲下去呀！

根据大会日程安排，全会还听取了刘少奇所做的关于制定中华人民共和国宪法和周恩来所做的政务院工作报告。这两个报告指出，中国是以工农联盟为主体的社会主义国家，工人阶级是国家的领导阶级；建国五年来，我国各条战线都取得了重大胜利，一个更加宏伟的蓝图正待全国人民齐心协力去描绘。

马恒昌被这些报告深深地打动了，他情不自禁地在驻地或休息大厅同知心朋友，或刚刚结识的人，甚至是少数民族代表热情交谈。一种感恩、幸福和激动之情，溢于言表。所有这些活动的照片，现今都收藏在马恒昌小组展览馆里。

选举国家和政府领导人这天，将大会的气氛推向了高潮。

马恒昌在画选票的头天晚上，无论如何也睡不着了。他想到，他从7岁丧父，既给地主当过农奴，又给资本家当过工奴，还当了日本铁蹄下14年的亡国奴，这种苦不堪言的悲惨岁月，给他留下了永恒的仇恨。是毛主席、共产党救了他全家的命，给了他做人的尊严和国家主人翁的地位。他感恩不尽，决心报恩不止。

面对明天的选票，他必须集中精力，将"同意"栏内的圆圈画得更圆、更饱满。

马恒昌的多半生，都是用车刀来表露他的心情，从来没用笔画过圈，这是他后悔不及的。一张张白纸，让他画了上百个圈，都不可心，怎么办？

他突然想到，在实验学校念书时，教几何的老师，用三角板画各种图形的事，这给他很大启发。他从上衣兜里取下钢笔，用钢笔帽立在白纸上，然后用铅笔，绕着画一圈，果然出现了奇迹，这个圆相当好。马恒昌立刻兴奋起来，他连连又画了十几个，一个比一个好。俗话说，熟能生巧。最后，马恒昌干脆不用钢笔帽做依托了，画得非常圆。

此时，夜已经很深了，马恒昌才兴奋地躺到床上，不知啥时间才睡去。

第二天，马恒昌将庄严的一票，投向了他心目中的救星、伟大的领袖毛主席。

9 月 30 日晚上，马恒昌同代表们一起，出席了建国五周年国庆招待会，他又一次同毛主席握手碰杯，敬祝毛主席健康。第二天上午，马恒昌站在天安门城楼的观礼台上，观看了陆、海、空三军阅兵检阅仪式。

这是马恒昌第一次参加全国人代会。

此后，马恒昌连续五次当选全国人大代表，其中，第四届和第五届，还当选了人大常务委员会委员，这在我国工业战线上是极其少见的，或者说是绝无仅有的。这真是，一个普通工人，就这样一步登天了，工人阶级已经站立起来，是响当当的国家主人！

迎风斗浪

➡ 更名不改性

★★★★★

1966 年，风云突变。一场史无前例的文化大革命席卷了神州大地，"造反有理"的喧嚣声，一浪高过一浪。刹那间，昨日的党政领导干部，今天全变成了"反革命修正主义分子"，他们相继被罢官、被揪斗、被关押；五千年的中国传统文化，被列为"四旧"，成为横扫的对象；工人生产、农民种地、学生上课，也都被斥之为"复辟资本主义"。

天理何在？路在何方？何去何从？

马恒昌困惑了。

全国好几位知名劳模被游行。大庆的王进喜，也有了"十大罪状"。马恒昌虽没遭此厄运，但"吃老本"、"没立新功"的大帽子之说，在造反派的队伍里也广为流传。

让马恒昌不能容忍的是，一个别有用心的人，在黑龙江刮起了一股妖风，让凡在日本和国民党统治时期，在兵工厂干过活的老工人，都到"九〇"学习班，交代自己是日本间谍和国民党特务的身份和罪行。马恒昌也被列入一大批黑名单之中。办案人员不分白天黑夜地提审这些老年人，不许他们之间交头接耳，更不准与外界联系，犹如牢笼一般。

马恒昌当时被指控为"国民党少将"，这真是天大的谎言和捏造。马恒昌气愤得暴怒了，顿时鼻孔出血，血压升高。事隔几年后，马恒昌仍然耿耿于怀，始终咽不下这口气。

从这时起，马恒昌彻底地看明白了，这些人在造谁的反! 在替谁卖命!

原本国内外知名的马恒昌小组，也被更名为"三连八班"。造反派们虽然也明知理亏，但他们打出毛主席力倡的"全国学习解放军"的旗号，以期压制和平息小组工人对此事的怒火和不平。

马恒昌对小组工人说："跟这种人辩论，不值得，没用; 但，咱们不怕。他们更名，我们不改性。他们是做贼心虚，奈何不了我们，只要我们不上街，还照样干活，这是他们最怕的，他们能把咱们工人怎么样? "

在老组长马恒昌的支持下，小组工人更加心明眼亮，集中精力，攻坚克难，顺利完成了加工关键主轴和丝杠的生产任务。

小组工人不怕鬼不信邪，与那些图谋不轨的造反派头头对着干。他们把"大干社会主义有理，大干社会主义有功，大干了还要大干"的巨型条幅高高地悬挂在小组车床的上方; 毛泽东主席亲切接见马恒昌的握手照片，擦拭得透明锃亮，镶嵌在小组夺得的数十面奖状之上。车、钳、铣、磨各种机床的轰鸣声和高速切削车刀的尖叫声，汇聚成一曲曲愤怒的交响乐，响彻整个车间上空……

是气愤，也是劳累，马恒昌腰椎骨质增生和腰肌劳损越发地加重了，他每天都卡上宽宽的护腰带，并在后脖颈上敷着一条中药袋，弓着背行走。他常常是提前一个小时进厂，先去各车间巡查一遍，发现问题当场解决，一时解决不了，就记在他的本子上，最后才到马恒昌小组。

在马恒昌小组，他先是挨个床子走一遍，看看工人都在干什么活，有没有要他伸手的地方，然后再利用走刀的空间，同工友们交谈技改方案和枝枝节节，提出改进的方案。

马恒昌就这样，身体力行，竭尽全力支持小组的工作。

马恒昌希望小组再接再厉，继续坚持执行班组民主管理制度，继续开展生产竞赛和评比活动，继续坚持检查头一个活和临床互助做法，严把产品质量关。

在"四人帮"横行的十年间，马恒昌小组顶朔风、斗浊浪，取得了卓尔不凡的突出业绩。据有关资料记载，马恒昌小组用十年时间，完成了十五年的工作量，产品合格率高达 99.6% 以上，实现技术革新 118 项。

马恒昌本人，更是不顾个人安危，他去市属不少企业，同劳动模范和驰名刀具手串联，要组织他们去外地学习，以抢救日益下滑的齐齐哈尔经济。

当时，全国正处在"批林批孔"高潮时期。显而易见，他们的做法，是"扭转斗争大方向"，是"唯生产力论"、"以生产压革命"、"阶级斗争新动向"。

不少工人都表示，即便自己被揪出来又能怎样，不还是工人吗! 公家不给钱，就自己掏腰包!

经过马恒昌的不懈努力，再加上市总工会的大力支持和一些企业的暗中资助，使这次向外地企业学习活动，终于成行了。

此事发生在 1973 年的夏天，正是"四人帮"阴谋篡党夺权的极为嚣张时期，足见其危险性与挑战性。

→ 万里去取经

★★★★★

马恒昌和他率领的齐齐哈尔和黑龙江省技术协作队，从 1973 年夏季起，连续两年共三次到全国 19 个省、市、自治区近百家企业，开展学习和交流活动。

马恒昌特别感谢齐齐哈尔市总工会和黑龙江省总工会的大力支持，特别敬佩一些企业的暗中资助。因为，这是在"四人帮"阴谋篡党夺权、做垂死挣扎的最疯狂历史时期。马恒昌行动的支持者，冒着再次被批判、被打倒的风险，心甘情愿这样做的；马恒昌对这些领导同志，敬赞不已。

技术协作的行动路线是，从东北到华

北、华中，再到华
东和华南，最后返
回。时间累计三个多
月，行程万余公里，
取得意想不到的令
人满意的成果，为
推动齐齐哈尔和黑
龙江省经济的迅速
复苏，做出了重要
贡献。

火车平稳地驶
上了武汉长江大桥。

△ 1976年7月，马恒昌带领技协服务队到大连造船厂帮
助解决技术难题，深受广大职工的欢迎

长江如带，数
舸争游，高耸的黄鹤楼，在朔风浊浪上面，巍然
不动。

马恒昌不禁感叹，此景如做人，躺下是座桥，
站着是座塔，理当如此。

武汉一家小旅店的老板，看到马恒昌这伙人
的穿着打扮，认定他们是北方人，就直言不讳地
讲到，店小条件差，既没空调，也无冰箱，仅有
的一个单间，还有客人住着。

马恒昌一听，住宿不贵，就住下了。

这头一宿觉，让马恒昌可遭足了罪，他年近
70岁，本来觉轻，再加上房间里闷热得透不出气，
甭说躺在床上，就是站在室内，浑身都大汗直淌。

武汉真的是个"火炉"城市。

第二天用过早餐后，马恒昌一行人都在房间里静候市工会来人的安排。

待工会来人走后，旅店老板手托一把电扇，直奔马恒昌的床头，将电扇安插好后，对马恒昌说，刚刚听说老人家的身份，怠慢了。

马恒昌问电扇一天多少钱。

老板讲不多，两元。

马恒昌立刻说他不热。

老板无奈，出了客房，还在摇头。

此景，被马恒昌的一个随员看到，赶忙交底，马师傅是怕花钱。

马恒昌此次远行，无论按年龄，还是按职务，他都应该坐软卧，可他坚决不干，他说他不搞特殊。后来，旅店单间倒出来了，他还是不去住，他说同大伙住一块儿，说话方便。

下午的厂家接待，让马恒昌有些受不了。"热烈欢迎全国劳动模范马恒昌莅临我厂传经送宝"的长条横幅，高悬在工厂大门口。工人们列队鼓掌，夹道迎接；马恒昌一行，频频挥手致谢。

会客厅里，欢声笑语，掌声热烈。

一位身着工作服的中年工人，拉住马恒昌的手不放，他连连直呼马恒昌大组长，他说他盼了二十多年，今天终于见到了。

马恒昌知道，自从 1951 年向全国挑战后，各地都涌现出数以千计的马恒昌小组式的班组，他们都管他叫大组长。

马恒昌的随行者，听到这种称呼，都很受教育，备感亲切，一致认为，马师傅的名声太大了，跨过黄河，越过长江，影响整整两代人，太了不起了。

工厂领导人首先向马恒昌介绍了这几年工厂生产形势和生产下滑存在的问题，以及当前采取的措施和取得的成果。他诚恳地表示，请马老多提意见，给他们指出生产的路子。

马恒昌在热烈的掌声中讲话，他说，武汉的天真热，工厂的盛情比天还热，真让人坐不住了。

马恒昌的开场白，引来了一片欢笑声。

马恒昌说："你们太谦虚了，谁都知道，你们厂子是国家的长子企业，创造了那么多宝贵经验。你们是天定的老大哥，我们是小老弟，大哥带小弟，可不能留一手呦！"

马恒昌这种诙谐的言辞，在客厅里又爆发出一阵阵笑声。

这家企业规模宏大，各分厂相距甚远。马恒昌婉谢乘车参观，他一直坚持步行。他看到，只在几个车间的外墙上，依稀还能见到"批林批孔"、"抓革命，促生产"等大字块。车间里，只挂有各种锦旗、奖状和有关生产的图表。台台机床都在转动，人人都在埋头干活，各项生产活动井然有序。

马恒昌在一台床子边停下了，他看到这台床子的刀具有些特别，刀头呈三棱形，有三个尖，可依次加工，待这三个刀尖用完后，即刻就可换上新刀头干活。

操作者讲，这是机夹式不重磨刀具。

马恒昌在机加行业干了四十多年，一直使用的是刀尖焊接在刀杆上的各种合金刀，刀尖使钝了，或者连同刀杆一起卸下，或者拿到砂轮上磨，磨刀时间少则一二十分钟，多则个半小时，这样时间就白白流失了，影响生产进度。如果换新刀，说不准一个月要换几把，这又是不小的浪费。

时间就是工效，面对机夹式不重磨刀具，马恒昌深受触动。

操作者看出了马恒昌的心意，他主动地送给马恒昌一把在工具箱上备用的刀具，马恒昌连声道谢。

在上海、在浙江、在福建、在广州、在广西，都留下了马恒昌他们难以忘却的足迹。

在柳州，这个负有盛名的刀具之乡，马恒昌收获了十来把新式刀具。在他新买的旅行袋里，累计有二十多把新刀具，足足有二十来斤重，其中有几把刀具的刀尖特锋利，将他的新旅行袋戳出好几个洞。

柳州的一家企业，向马恒昌请教一个他们多年没解决的难题，就是车铜件的车速不能快，快了铜屑四处乱飞，易灼人，铜屑珍贵还不易回收。马恒昌指导他们，在刀尖近处的刀杆上，打个横槽，像搓板那样，铜屑就会顺沟直下了。

试验结果，果然成功。工人们乐得直拍巴掌，将它定名搓板刀具。

在鞍钢，全国著名劳动模范、鞍山市革委会副主任王崇伦，带着秧歌队去火车站，亲自迎接老大哥马恒昌一行。

马恒昌应邀做了精挑长丝杠表演。

高速精挑丝杠，是马恒昌始创的绝活之一。他戴上老花镜，仅用 6 分钟，一根光洁度高达花六的锃亮丝杠让观摩者惊叹不已，王崇伦盛赞马恒昌"老英雄不减当年"。

马恒昌从辽宁又到吉林，待回到齐齐哈尔时，将近 1974 年年末了，正是周恩来总理主抓第四届全国人民代表大会各项筹备工作最紧张的关键时期；更是周恩来总理为挽救国家前途命运，舍生忘死与"四人帮"最后决战的重要关头。

马恒昌的心情，无比沉重。

△ 1973年马恒昌率领黑龙江省、市刀具队到全国十九个省市近百家企业学习交流技术革新归来后，向工人传授经验

十 学大庆人

★★★★★

飞雪阴霾，枯草在寒风中抖动，只有一架架、一排排"磕头机"在雪地荒原上，有序地摇曳着。它仿佛在向人们展示它不屈不挠的生命力和顽强不懈的战斗精神。

这是 1975 年，"四人帮"篡夺国家领导权没有得逞，马恒昌当选第四届全国人大常委后，12 月 23 日，他带领小组全体组员，身着冬装，顶风冒雪地向大庆油田进发。

马恒昌当年已经 68 岁了，马恒昌小组是第十次去大庆学习。由此可见，他们向大庆人学习的至诚之心。

"工业学大庆"是毛主席在 60 年代初发出的伟大号召，在十年动乱时期没有人再提起了，最为恶毒的是，"四人帮"将颂扬大庆人精神的电影《创业》，斥之为"唯生产力论"的代表作，不准上映。为此，大庆人无不义愤填膺。

△ 1975年12月，马恒昌当上第四届全国人大常委后，带领马恒昌小组全体组员第十次到大庆学习

马恒昌看到，"四人帮"的流毒，对人们的坑害不浅，特别是一些青年人，头脑过于简单，不愿学习，不好好干活，谈吃讲穿，不想吃苦，空度时光。这种思想，也不可避免地影响到小组的年轻组员。他们对小组的创业历史和光荣传统知之甚微，对大庆人和王进喜更是一知半解。

马恒昌感到，这是一个非常严重的问题。人若没有一点进取精神是不行的，生活不会充实，也不会活得快活。对社会、对自己都没有好处。马恒昌决心再当一次组长，把小组的思想和技能再提升一步，实现新的更大的跨越。

在大庆油田指挥部领导陪同下，马恒昌一行·

人，在大庆第一口油井边，转了一圈又一圈，老半天马恒昌不说一句话，脸色非常沉重。

马恒昌同王进喜结识始于 1964 年。王进喜是作为第三届全国人民代表大会的代表，在北京人民大会堂开会时，他们才见面的。

苦难的童年，解放后当家做主人，当选全国劳动模范和全国人大代表的相同经历，让马恒昌和王进喜的心连接得更加紧密了，他们袒露心扉，无话不谈。

"有条件要上，没有条件创造条件也要上！"

"宁可少活 20 年，拼命也要拿下大油田！"

马恒昌对王进喜这些话，记得特别牢靠，他也特别佩服。

在王进喜事迹展览馆里，马恒昌看到了1959 年大庆石油会战时期，铁人穿过的大棉袄和其他遗物；在大庆"地宫"成就展馆里，还看到了领先世界的石油科研成果。

马恒昌说："你们知道大庆人对国家的贡献有多大吗？我实话告诉你们，足够咱们国家的国防开销了。"

工人们一个个都惊呆了，大庆人真了不起，他们都为大庆人的战斗精神所折服。

马恒昌又说："咱们小组对国家到底做得怎样，你们心里比我有数。依我看咱们可差远了。咱们必须将'三老四严'精神学到手，做一名真正的车床铁人。"

在大庆的三天参观学习时间里，小组工人通过边看、边学、边议、边找差距、边定规划，心向大庆人更贴近了，思想观念得到了极大提升。

同年，马恒昌小组被评为黑龙江省工业学大庆先进集体；1977 年又被评为全国工业学大庆先进集体；1978 年 8 月，小组的历任组长和现职的六位工管员，在人民大会堂受到了国务院副总理王震、方毅、谷牧和康世恩的亲切接见，并在一起合影留念。这是建国 29 年来，我国企业班组建设史上的第一次，更是对马恒昌小组的最高奖赏！

在这次大会上，国家机械部命名马恒昌小组为"三大革命斗争的英雄集体"，号召机械工业战线职工，要深入开展"学大庆赶马恒昌小组"群众运动，让"千千万万个马恒昌小组式的班组遍地开花"。

此时的马恒昌，已经 72 岁了，他想到的是国家，是企业，是小组，唯独没有他自己。他离休超龄长达 12 年！这在我国企业职工和干部中，恐怕是绝无仅有的。

人格力量

→ 重任的回声

★★★★★

1950 年，马恒昌被任命为沈阳市人民政府委员。

1951 年，任命马恒昌为中华全国总工会劳动部副部长。

消息传来，全厂工人无不欢欣鼓舞，他们奔走相告，热烈祝贺马恒昌荣升。马恒昌小组工人更是激动万分，他们认为，党真不埋没人才，作为小组一名成员，感到无上光荣;可又一想，老组长很快就要到北京上任了，一个个都眼泪汪汪的难舍难分。

马恒昌的心鼓，敲得越来越响了，激动过后，不再喜形于色，步子越来越沉重。

马恒昌想到，自己就是一名普普通通的工人。刚解放时，觉悟太低，全凭手艺吃饭，全靠诚实待人；后来，经过党的教育、培养，再加上小组工人的支持和帮助，逐渐找到了自尊和自信，思想觉悟有了很大提高，工作也取得了一点成绩，被党组织和小组工人抬举，当上了组长。

马恒昌感到，自己还有些地方做得不够，还有许多想法没有照着去做。时间有点不够用，为此，他着过急，上过火。如今，任命令就摆在马恒昌面前，这是铁的事实。这么沉重的担子，自己能挑起来吗？过去，只是面对小组十来个兄弟；往后，要面向全国千千万万个班组、全国上万家企业，其中有自己熟悉的机械行业，更有太多非常陌生的交通运输、矿产开发以及电力电业等部门，自己得从小学一年级学起，等不到上初中，自己也就到了60岁，该退休回家了，这会给党的事业造成多大的损失啊！

马恒昌思前想后，他觉得这个"官"不该当、当不了、当不好，他不能去北京上任。可这话向上级怎么说？从哪儿说起？马恒昌犯难了。

千谢万谢中央人民政府政务院，发出了要在全国扫除文盲的伟大号召，马恒昌得救了。他征得了东北人民政府的支持，挂职去沈阳东北实验学校劳模班学习。1951年12月，马恒昌携家属从齐齐哈尔出发，前往沈阳。

东北实验学校（现名为辽宁省实验中学）隶属东北人民政府教育部直接管辖，校长为教育部长车向忱，他是一位德高望重的教育家，被张学良先生誉之为"一代师表"。东北实验学校这次招收的是东北各省的劳动模范，共计不到四十名，经过谈话测验，分成快、慢两个班；马恒昌自然属于慢班的学生了。

在班里，马恒昌看到，同班同学差不多年龄都在二十几岁，年长一点的，像全国劳模张子富和苏长有也不到40岁，只有他自己是45岁。这使马恒昌很上火。

由于马恒昌一天书也没念过，学校特派一名老师专门教他，这可能是新中国成立后，我国教育史上，最早实施的"一对一"的教学法了。

尽管如此，马恒昌的学习还是很吃力，笔画极少的字刚刚会念，一转身就忘了，即便会念了，一经写出来，不是缺胳膊就是少腿。老师一遍又一遍地朗读，马恒昌是一次又一次地脸红。

校长车向忱得知马恒昌学习上的困难后，他特地送给马恒昌一本汉语拼音小册子；从此，马恒昌开始像学龄前孩童那样，从发声起步，成天"波、泼、摸、佛"从不离嘴。经过一段学汉字注拼音后，马恒昌对他在工厂常用的几十个字，如：工人、百分尺、刀尖、主人以及北京等字，不光念得发音准确，而且还会写，马恒昌特别高兴。

可是，有一回考试，马恒昌得了个不及格分数，这让他羞愧不安。过去生产战线上的模范，如今却成了文化战线上的"麻烦"。马恒昌记得，毛主席曾经说过，一个没有文化的军队，是愚蠢的军队。按照毛主席的说法，马恒昌自己也认定自己是一个愚蠢的工人。

马恒昌的眼睛红了，嘴唇起泡了，马恒昌不断地责骂自己，难道真的是因为自己年龄大了，记忆力减退了吗? 还是下苦功夫学习的劲头不够? 思来想去，马恒昌觉得，这两种想法都不全对, 最重要的是, 对这次学习目的性的认识还存在问题。那就是，他不应是为"逃避"到北京工作才来学文化的，而应是为了提高文化水平，将来更好地为新中国建设服务。工人阶级不光是生产战线的主力军，而且还应该是文化阵地上的主力军。有了文化，会更明理。马恒昌想到，有了文化就是好，你看"工人"

两字上下连起来就是一个"天"字。工人是天，就得把天顶起来。

马恒昌不再想下去了，工人的退堂鼓永远都不该敲，他要静下心来，一个字一个字地学下去，就像挑丝杠那样，从粗车到精挑，直至高速精挑，达到绝活，成为品牌的地步。

这就是马恒昌学文化的强有力的回声。

⊙→ 回厂做检讨

★★★★★

1954年初，马恒昌小组的一名副组长创造了一种强力切削法，在齐齐哈尔机加行业中产生了极大的反响，市总工会为了推广他的技术，决定请他传授经验。这位副组长也许是在市里抛头露面的次数多了，不想再出头，心里不十分情愿，但最终还是答应了；可万万没想到，此人在举行操作表演的头天晚上，偷偷地回老家了。

这给工厂带来了极大的被动，也给小组的名声造成了极坏的影响。

马恒昌小组因此从连续四年市特等劳动模范小组，降为甲等模范小组。

此时，马恒昌正在沈阳的劳模班学习，听说这件事后，非常惊讶，认为这位副组长不可能这么做。因为他是马恒昌亲手收的第一个徒弟，人很聪明，又肯钻研，没出三个月，就能够独立站床子，而且还有一次技术革新，是小组年轻徒工中出类拔萃的。

△ 马恒昌在沈阳东北实验学校劳模班认真听课

现在又当了副组长，多有发展前途啊！

可事实没错。

马恒昌开始坐卧不安了，他想了一天，实在坐不住学校的板凳，就向学校告了假，连夜乘火车，从沈阳赶回齐齐哈尔。

在小组会上，马恒昌说："我回来是做检讨的，我在小组刚起步那会儿，一心想的是多干活，干好活，支援解放战争，把思想工作忽略了，这件事，我是有责任的，我当大伙的面，做检讨，根子在我。"

马恒昌小组工人都低着头。

马恒昌又说:"人活一口气,名声最要紧。名声不能只顾一时,得保住一生。现在,你们的锦旗、奖状挂了一墙,不光齐齐哈尔人知道,1950年毛主席也知道了;如今出了这件事,若是传到北京,咱们怎么向毛主席交代?"

马恒昌小组工人抬起头,直视马恒昌。

马恒昌最后说:"我向上级请示多次,将我的名字从小组里拿掉,他们说这得毛主席同意。我沾了大家的光,我谢谢你们。"

这位副组长听到这里,再也坐不住了,他满含热泪站起来,诉说了他思想变化过程。

这位副组长是1949年从部队复员到马恒昌小组学徒的,他非常感谢马师傅收留了他,他决心好好干,做一名像马师傅那样的人。1951年工厂北迁,这位副组长毫不迟疑地报了名;来到齐齐哈尔后,尽管条件很差,生活很苦,他从未想过要离开。后来取得了一点小成绩,就觉着功成名就,对什么都无所谓了,总想回老家,父母在那儿,工资高,气候也好,没心思多干活。当上副组长后,跳厂的想法更不好开口了,就想用这件事,看看厂里的态度。

时任小组长听到这里,也站了起来,他说他批评人不讲方式方法,太狠,又没对症下药;原先是用恨铁不成钢的心理来掩盖自己水平低,现在看,错了,是根本不会做思想政治工作的表现,当组长真的不够格。

好几个工人师傅,也相继站起来,都要承担责任。

这次小组会,由于马恒昌的带头,组员们都感到老组长对人的诚心、热心和耐心,都认识到,组里一人有错,大伙都有责任；荣誉属于过去，责任才是永恒；人活一世，名声要紧；工作要向上攀，生活要往下看；帮人要帮心，这才是正理。

这位副组长终于放下了包袱，提高了思想认识，迅速走在了前头，两年后被提拔为马恒昌小组正组长，还当上了齐齐哈尔市劳动模范，1958 年被调到三线担任一个保密厂厂长。

➔ 敬业是敬己

★★★★★

马恒昌在沈阳东北实验学校和东北工学院学习期间，先是参加了中国人民第二届赴朝慰问团。回国后，在沈阳各企业做了多场巡回报告。之后，又出席了第一届全国人民代表大会，同全国各地著名劳动模范进行了深入互访和经验交流。通过这些重要的社会活动，极大地拓宽了马恒昌的政治视野，提升了他的精神境界，使马恒昌进一步认识到，作为新中国领导阶级的一员，肩负的历史使命和工作重担，是非常光荣而艰巨的。马恒昌感到，必须尽快地结束学习生活，早日回到工厂，投身到实施第一个五年建设计划的火热斗争中去。

1956 年 2 月，马恒昌终于回到了齐齐哈尔。此时的齐齐哈尔机器十五厂，已更名为齐齐哈尔第二机床厂。马恒昌小组组长，也被传到第七任，小组原第三任组长被提升为主抓生产的副厂长。

这就遇到了一个难题，作为第一任组长的马恒昌，1951 年被任命为劳动部副部长，可他没有去报到，如今也没被免职，他就是不去上任；这样，厂里怎么安排马恒昌的工作，就成为二机床厂党委在一段时间里最为焦虑又迫在眉睫的大事。

二机床厂党委经过慎重考虑，报请国家一机部审批，决定任命马恒昌为第二机床厂总机械师，副厂级，主抓全厂机械设备管理、保养和维修。马恒昌的这个职务名称是开国以来，在我国工业战线上从来没出现过的，足见其用心良苦！

马恒昌对他的职务和待遇一事，实事求是地说，他看得很淡薄。如果他看重这些，早就到北京去上任，过着高级干部的生活了。马恒昌始终认为，职务不是特权，而是责任。职务的高低，权力的大小，只能表明肩上担子的轻重，绝不是判定贡献大小的根据。相反，只要得到一份适合于自己的工作，能充分发挥自己的聪明才智，尽职尽责地把职业当成事业去干，就一定会干出一番成绩来，对企业、对国家做出贡献。

基于这样一种思想境界，马恒昌十分高兴地接受了这份工作，但他不乐意有人改称他"马总"。马恒昌半开玩笑对这些人说："我离你远吗？还是叫马师傅、老马头好。"

马恒昌确实是一个老头了，这时他已经 50 岁，在工厂生活了 30 多年，积累了丰富的经验。只要是他走进车间，不用走到机床跟前，听到车刀切削的尖叫声，他就高兴，就能分辨出各种不同的床子型号来，更能听出床子有无异常情况，这就是马恒昌的特异功能。这种功能，是用他的生产经验和爱岗敬业精神凝聚而成的。

在马恒昌主持下，负责设备管理人员对全厂生产用的设备、使用和保养情况，进行了一番认真的清查，并提出了相应的改进和处理意见，取得了一定的效果。

"四人帮"被粉碎后，按照黑龙江省厅的要求，深入开展了"设备维修保养红旗机台的竞赛"和"设备一条龙竞赛"，使设备完好率得到大幅度提高。

截至 80 年代初，设备一级保养实现率高达 95%，二级保养实现率达 100%，精密设备完好率达 100%，全厂设备故障率降至 1.49%，这是很不容易达到的。因为工厂的设备相当老化了，不少机床使用了 50 多年，个别床子达到百年。

设备待更新，敬业要深化。

马恒昌常对工人说，要敬重自己的工作，要看护好自己的床子，多出活，干好活，这是工人做人的根本品质。产品是人品，敬业就是敬重自己。

高风亮节

→ 路要自己走

★★★★★

　　还是在 1974 年，马恒昌率领的技协队在鞍钢学习和交流时，王崇伦偷偷地告诉马恒昌，周总理病了，这给马恒昌的思想造成巨大的压力。同时，王崇伦还告诉马恒昌，第四届全国人民代表大会，毛主席让周总理主持筹备工作，包括大会日程、政府工作报告、修改宪法和全国人大常委人事安排等等，这表明，毛主席已经不信任王张江姚那一帮人了。

　　马恒昌回到齐齐哈尔后得知，第四届全国人大代表提名没有马恒昌，有人说，马恒昌"不带头造反，没立新功"。马恒昌小组工人对此种言论，愤愤不平，时任小组第十一任组长和小组部分工人，要到黑龙江省评理，马恒昌坚决反对。他说他已经当了三届全国人大代表，早就知足了。至于立没立新功，那得全厂工人说了算。马恒昌心里所想的，不是个人得失，而是周总理到底得的啥病、重不重。如果他能去北京，一定有机会当面问问总理，免得他对总理牵挂。

1974 年末，中共黑龙江省委接到中央指令，立即增补马恒昌为第四届全国人大代表，这给二机床厂的当权者和几个污蔑者以沉重一击。

第四届全国人民代表大会被推迟了 11 年后，终于在 1975 年 1 月 13 日胜利召开了。虽然王张江姚那伙人仍然坐在主席台上，但早已失去了党心和民心。

大会主持人说，由于健康的原因，周恩来总理要做的《政府工作报告》篇幅很长，报告稿都在代表手上，只念开头和结尾，请代表们会后阅读和审议。

主持人话音刚落，全场响起长时间热烈的掌声。

周总理的报告声音清脆有力，响彻人民大会堂，代表们都是带着关爱和崇敬的心情认真聆听的，多次长时间站起来热烈鼓掌。

马恒昌被大会推举为主席团成员，他有多次同毛主席、周总理见面的机会。有一次，总理向马恒昌笑了，还点了头，马恒昌也回敬了周总理，这其中的含义，都各自心照不宣，对方都能想到，特别是马恒昌，他觉得周总理好像还瞅了一下他身穿的棉袄，不知为什么。马恒昌想了好长一会儿，终于明白了，会场很热，该换件衣服了；马恒昌不好意思了，他横扫整个会场，真没一个人穿冬装的，特别是在主席台上就座的，各个衣冠整洁，正襟端坐，落落大方。他想用晚上会间休息时间，到王府井百货大楼去买一套呢子外衣，以免去总理的牵挂。

令马恒昌终生不忘的是，全体代表一致推选马恒昌为第四届全国人民代表大会常务委员会委员，一个普通工人成为国家权力机关工作人员，这是开天辟地的壮举！马恒昌感动得热泪盈眶。

马恒昌特别后悔，他后悔没主动去见毛主席，后悔没向周总理问候。

后悔，也是一种感动；后悔，更是一种激励。马恒昌暗下决心，今后的路，一定要认真走，干出成绩来，让毛主席放心，让周总理高兴。否则，就不是一名真正的共产党员！

马恒昌回到齐齐哈尔后，一个新的称呼——"马常委"扑面而来，叫得马恒昌很是不安。他当即向人们表示，永远不会离开工厂，永远都是一名工人。

马恒昌想到，正人先正己，治厂先治家。这里的正己是前提，治家是关键。

众所周知，子女是父母的影子。换句话讲，有什么样的家长，就会造就出什么样的孩子。这样的话，似乎有些绝对，但多数是如此。

马恒昌有七个孩子，两男五女。老大是女孩，沈阳解放前，因生活所迫，她16岁就出嫁了；接连的两个儿子，一个13岁，另一个9岁，都过了上小学的年龄，因为交不上"二斗粮"，都没念书，直到东北解放，孩子们一个个才相继上小学。

马恒昌在解放后的辛勤操劳，共产党对他的培养，社会对他的肯定和工人对他的支持，都给马恒昌的子女留下了不可磨灭的印象。子女们看到，马恒昌拖着疲倦的身躯，回到家里，先是无声地躺到床上休息，孩子们一个个大气不喘，都在认真地看书学习；辛劳一生的老伴，一日三餐，都在静候马恒昌端起饭碗、拿起筷子之后才上炕吃饭，有时，老伴就坐在灶旁，等到半夜，才进屋睡觉。

马恒昌对老伴和孩子是满意的，也是内疚的。马恒昌满意的地方挺多。首先是老伴，她领着好几个孩子在农村辛苦了那么多年，一趟沈阳都没去过；其次，除大女儿之外，他的六个孩子都挺争气，都是大专学历。这些孩子在工作上，虽说有的上过"五七"干校，有的到农村插队落户，有的当知青八年，有的在家待业四五年，但他们都没给他丢脸。在生活上，这几个孩子从不谈吃论穿，大儿子在市委工作，都40岁了，还穿着打补丁的衣裤。

马恒昌不大满意的地方，就是儿子吸烟，姑娘不会做针线活，衣裳破了，还得老伴给补。

尽管这样，马恒昌还是觉得，儿女成长得太顺，他们人生的经历太简单，家门、校门、工作单位门，这三个门的路太直了。太直，往往就不大在意。如果道路崎岖一些，就会在意，也会小心，这样就会走得安稳，记得牢靠，成熟得早，进步更大。

一天，马恒昌将家在齐齐哈尔的五个儿女都叫到跟前，说有话要说，这令儿女们感到意外，不知发生了什么大事。

马恒昌一脸严肃，他说，从今天往后，家里人谁也不许背着他跟省市和厂里领导提任何要求，哪怕是特合理的要求也不行；更不准背着他，收授任何人送来的礼物，哪怕一袋水果都不行；再一个是，自己的路一定要自己走，旁人代替，都不算数。

马恒昌规定的这三条，其实孩子们早就做到了，只是没对马恒昌说起。

马恒昌又说，他知道每个孩子的家都有这样那样的困难，特别像大儿子家，儿子都结婚了，五口人还住在一间十几米的房子里，真困难，虽说他在市里工作，家属楼多，可像他这种情况，在工厂多得是，别人能住，咱咋不能？工作向上攀，生活朝下看，这才是人生的正道。

➡ 这家不能搬

★★★★★

马恒昌出名，始于 1949 年建国之前，即马恒昌小组诞生后，经过东北人民政府机关报《劳动日报》、《辽宁日报》及《沈阳日报》的一系列广泛深入的报道，各企业厂矿没有不知晓的。

1950年9月，在国庆一周年前夕召开的全国工农兵劳动模范代表大会上，马恒昌被评为开国劳模，在9月30日的国庆招待酒会上，又得到了毛主席的亲切接见，他的名字和事迹被新华社和《人民日报》，传到了国内外，更加驰名了。

可是，有谁会想到，马恒昌的家属一直住在离沈阳百余里外的农村，他的妻子和儿女过着没有"天"支撑的日子。工厂的领导和马恒昌的知心兄弟多次相劝，将他的家属接到城里，尽快结束两头牵挂的生活，特别是当马恒昌积劳成疾、急需有人照顾他的时候，就更为迫切了。但马恒昌一直固执己见，小组里好多人不解。

对此，马恒昌到晚年还在愧疚，觉得对不住老伴和儿女。可在当时，他不便对外人讲，主要原因就是怕给工厂和工友增加麻烦，让他分心，影响上班干活。

1950年末，工厂北迁齐齐哈尔，远离辽宁农村老家上千里，马恒昌不得不考虑搬迁之事了。

1951年2月，新建的工厂开工不久，马恒昌终于携家眷来到了齐齐哈尔。那时工厂生产条件很差，住宿条件既紧张又简陋，不少家属同职工还分居两处，有的甚至住职工单身宿舍。

马恒昌一家六口人，儿子和女儿都十六七岁了，却挤在一个火炕上，睡觉都得侧着身子；马恒昌硬是腾出一铺炕，让给刚结婚的小两口住。

后来，尽管工厂生产规模不断扩大，职工人数逐年增加、家属楼常建，还是不够分，还得用论资排辈，抓阄定楼层的办法，求得公开和公正。

马恒昌从任何方面讲，他都具备住新楼的条件，但他总是说，这家不能搬，等到全厂所有老职工和那些特别需要照顾的人都住上了新楼再说。

1981 年 9 月 29 日，中共中央政治局委员、全国人大副委员长、中华全国总工会主席倪志福来黑龙江视察，特地从哈尔滨到齐齐哈尔专程看望老朋友马恒昌，并提出要到家里看望老嫂子。这可把马恒昌难住了。

当时，马恒昌的家住在厂东门三百间房北侧，东临一个臭水泡，北窗不出十米靠着一个公共厕所，门前的一条人行窄道，还泥泞不堪；家里连个坐人的双人沙发都没有，只有两把能坐人的硬椅子和一个只能放竹皮暖水瓶和四个茶杯的写字桌。屋里的收音机，还是 1950 年沈阳市人民政府奖励的。

马恒昌不想让倪志福看到他家的寒酸相，就推辞说，老伴耳聋，打雷声都听不到，记性也不好，经常丢东落西，人来人往她都记不住。

倪志福听听就笑了，他明白马恒昌的心思。

马恒昌说，这个情，他领了。

△ 1985年马恒昌身患绝症后，在家里还在叮嘱企业的事

马恒昌同倪志福认识很早，"倪志福钻头"成为他的人生品牌，自1954年第一届全国人代会后，他们年年都相见，20多年了，他们心心相印，实在是不分你我。2007年，马恒昌诞辰百年，倪志福还亲自参加在人民大会堂召开的纪念会。

倪志福回到北京后，亲自给黑龙江省打电话，要求多多关照马恒昌，中共齐齐哈尔市委、市政府领导在年节期间，经常去马恒昌家慰问。

即便是这样，马恒昌还是那句话，平房住惯了，这家不能搬。

直到1982年下半年，马恒昌感到身体不适，被迫才搬到离工厂最近的新华楼。

1983年初，马恒昌先后在厂医院、二〇三解放军医院治疗，不见显效，被疑似绝症，全国人大常委会和中华全国总工会非常重视，在北京友谊医院提前安排好床位，让马恒昌即刻赴京入院确诊治疗。

1985 年，马恒昌逝世了。他在新华楼总共没住上一年时间。

→ # 我没这个权

★★★★★

1983 年 10 月，马恒昌因腰部酸痛和尿中有血，住进了二机床厂职工医院，按肾炎治疗十余天后，仍不见好转，就到当地二〇三军队医院全面检查，发现有癌症迹象。工厂党委高度重视，立即上报全国人大常委会和中华全国总工会，并派厂医院医护人员陪同，让马恒昌赴京确诊。

由于马恒昌的全国人大常委和全国著名劳模的特殊身份，到北京后，即刻住进北京友谊医院高干病房，由我国著名泌尿专家于惠元教授主治。

21 日上午，于惠元主任亲自主刀，切除了马恒昌膀胱壁上的肿瘤，化验结果为阳性，确诊为恶性肿瘤，即膀胱癌。

马恒昌十分高兴，他的尿里没血了，腰部也没那么疼痛了，更为主要的是，他听说小组第十五任组长带领全组工人提前十六年半，跨入了 21 世纪，再次走到了时间前面。马恒昌的心情特别好，不仅脸上有了笑容，饭量也增加了，有时还能到医院的花亭边散散步。

马恒昌此次患病并被确诊，中共中央政治局、全国人大常委会和中华全国总工会十分重视。中共中央政治局委员、中华全国总工会主席倪志福，中共中央政治局候补委员、书记处书记郝建秀，全国总工会副主席罗干、王崇伦、陈俊生和尉健行等领导同志，都去医院看望马恒昌。为此，马恒昌很是过意不去。他说你们都那么忙，千万别再来了，这点小病，治治就好了。马恒昌特别激动地取下床头病卡，说他的病名是 CA，跟别人不一样，是良性的。由此可见，马恒昌对他的病情一无所知，这真是一桩幸事。

1984 年 4 月，马恒昌做了第二次复查，又发现了新的肿瘤，并做了相应处置。

二机床厂党委主要领导和马恒昌的家属立即赴京。于惠元教授详细地介绍了马恒昌的病情和处置方案。于教授说，马老的病与周总理患的都是同类病，只是周总理的病呈鳞状、面积大、难处理；马老的病是颗粒状，发现一粒灼掉一粒，如果太多、太广，就难了。

病情的发展果然不出预料。马恒昌在两年多的时间里，一次又一次地复查、手术，病情始终不见好转。马恒昌在室内走动腿痛、洗漱手臂发抖，还时常干咳，更下不了楼。

马恒昌开始焦躁不安了，他对自己的病产生了怀疑，口中经常念叨："这病到底是怎么一回事？"

后来，马恒昌的老伴和儿女们都来了，这给他带来了一种不祥的预兆。他让老太太回去，二厂的护理也回去，只留一个家人就行了。

马恒昌的话，谁都不敢不听；待这些人走后，马恒昌的心才逐渐安稳下来，但脸色依旧凝重，他平时就不太爱说话，此时话就更少了，有时半天不说一句，总在闭目沉思想心事。

突然有一天，他的话匣子打开了，说了那么多。他对长子说：

"厂里给我治病，两年多了，花了不少钱，这得卖掉好几台床子。这是工人的血汗钱，我没这个权。

"这两年你的班也没上好，市里的工作那么忙，耽误了。

"咱们家的事我都跟你说过，你爸是怎么从旧社会活过来的，又是怎么在毛主席、共产党的教育栽培下成长起来的，这是什么时候都不能忘的。羔羊跪着吃奶，都知道感恩，咱们是人，对共产党，不是感恩一时，得感恩一辈子！

"我今年 78 岁了，国家没让我退休，你儿子接不了我的班，你妈让我去走后门，我是共产党员，不能那么做；这件事我没帮上你，心里也不是滋味。"

马恒昌的话止住了。最后他嘱咐长子，要照顾好老太太，他说他这一辈子最对不住的人，就是她了。

1985 年 5 月 17 日晚，马恒昌不听工厂党委的建议，不顾专家的警示，不管妻子和儿女的乞求，就连他的好友王崇伦副主席代表全国总工会的意见，他也不接受，坚决要求出院，回工厂要见他的工人兄弟和全体组员。

这是马恒昌一生中第一次不听党的话，不服从组织的决定。他选择了一条最痛苦、最无奈，主动放弃治疗、等待生命终结的悲怆之路！

"我没这个权"这句话，成为马恒昌临终前最后一句感人名言。

→ 沾了工人光

★★★★★

马恒昌不否认，他是马恒昌小组的创建人和带头人。从 1949 年 4 月建组起到年末，仅仅八个月时间，全组 10 名工人先后都加入了中国共产党，其中有 7 人创造了 10 项生产新纪录，改进了 18 种工卡量具，生产出 7000 多件零部件，合格率高达 100%。马恒昌立了一等功，小组荣立二等功九次、三等功六次，荣获了沈阳市、辽宁省和东北人民政府颁发的三面红旗。

马恒昌说他做得还不够，他是沾了工人

的光，是工人抬举的结果。

如今，马恒昌对久治不愈的病，失去治疗的信心，他"没有这个权"再花工人的血汗钱，抱着视死如归之心，坚决要求出院，返回齐齐哈尔。

专车从北京友谊医院驶出，马恒昌拜托司机，请他从人民大会堂、新华门和天安门前驶过；为什么要绕道去火车站？司机非常理解马恒昌此时的心情，他什么话也没说，只是重重地点了一下头。

专车行驶得非常缓慢。

人民大会堂，马恒昌从 1954 年起，在这里开人大全会、常委会和其他工作会议七八十次，有好多服务员，跟他特别熟悉，马恒昌多想跟她们告个别呀；新华门，马恒昌在 1950 年就进去过，这是党中央的办公地，是决策振兴中华的圣地；天安门，这是世界瞩目的地方，马恒昌站在观礼台上多次观看过国庆游行庆祝活动……

马恒昌不言不语，直视这些景点。专车行过之后，马恒昌不顾颈椎疼痛，一直回眸张望，泪水潸然流下。

专车到了北京站，从边门驶进站台里，从北京直达齐齐哈尔的特快列车，在静静地等候。

火车缓缓地起动了，马恒昌在软卧车厢里，隔窗向关心爱护他的至朋挚友，挥手致意。

马恒昌心里很清楚，这次回齐齐哈尔，就是与北京诀别，就是要去见九年前逝世的毛主席、周总理和朱委员长了。见了面，马恒昌要跟三位伟人汇报什么？他觉得真没有什么可说的！他心里有愧！

马恒昌常向工人说，他这一辈子，就想做两件事：一件是做人，做个诚实的有人品的人；另一件是干活，干好活，出精品。人品和产品这两件事，干得都不好。

马恒昌也向领导说过，往后这个小组别冠他的名了，他已经享受了几十年的好名声，成绩都是全组工人干的，这么叫下去不合适，也不合理，得改。可领导却说，毛主席都知道，全国有个马恒昌小组，怎么改？

马恒昌想，他走后就不会再叫了，这才坦然。

事实让马恒昌没想到，有些人也没想到，直至建国六十周年，国人还推举马恒昌为感动中国人物和时代领跑者。马恒昌小组涌现出四位全国劳动模范、三人连续当了第一至第十一届全国人大代表，一人当选党的十八大代表。马恒昌小组英名历久弥新，成为一个为国人瞩目的卓尔不群的先进集体。马恒昌小组的名字永恒！

马恒昌回到了齐齐哈尔，他的一颗激荡不安的心，终于实实在在地落了地。他拄着拐杖，看到了工厂的发展变化，看到了工人素质的提高，心情特别高兴。

然而，癌细胞裂变得特别快，马恒昌不能起床了，只好再次入住解放军二〇三医院。

医院政委、院长和专家组成了医治专门小组，黑龙江省又派来两名专家辅佐，齐齐哈尔二机床厂也组成了服务小组，予以各方面配合。

中共黑龙江省委书记和省人大主任以及中共齐齐哈尔市委、市人大和市政府领导，也都多次到医院探望。

马恒昌的指路人、时任沈阳市大东区区委书记王金平的到来，让他激动不已，他一句话也不说，紧紧拉住王金平的手不放，一颗颗泪珠滚滚落下。

马恒昌还拉着一个人的手不放，那就是他的老伴。同样是一句话也不说。他们是 56 年的夫妻了，这种无言的大爱，有谁能用几句话表达出全部内涵？

1985 年 7 月 18 日 1 时 55 分，马恒昌的心脏停止了跳动，他走了。7 月 22 日那天，泪雨霏霏，纸钱飘飘，送行的人群肃立街旁，警车开道，灵柩车后，有百余台车跟随。人们的共同心愿，马老一路走好。

马恒昌说，他这一辈子沾了工人的光；可工人们说，马师傅给工人阶级增了光，他们是跟着马师傅借了光。

马恒昌的名字和他的人生品牌，不朽！

历久弥新

→ 铜像在诉说

★★★★★

马恒昌走了，真的走了。这就是说，马恒昌的一生已经画上了句号。

往事如烟，人走茶凉，有的人对人生发出这样的感叹。

爱岗敬业，好人千古，更有人对人生看得很开阔。

马恒昌走了，无疑成了历史。但对马恒昌，往事并非如烟，人走茶没凉，而是历久弥新，薪火相传。马恒昌小组的组名没有更换，马恒昌的生命还在延续，马恒昌精神走向永恒。

马恒昌逝世的第二天，马恒昌小组成员化悲痛为力量，在报纸上和广播里发表了悼念文章，决心继承和发扬老组长的爱党、爱国和爱岗的"三爱"精神，把小组的各项工作再提升一步，为改革开放，全面建设小康社会再立新功。

马恒昌小组的工人说到做到。当年提前完成生产任务。第二年小组第五次被评为全国先进集体，并荣获了全国总工会颁发的五一劳动奖状，小组长还被评选为全国优秀班组长。

马恒昌铜像的相继落成，更展示了他的生命不朽和深远影响。

2000年，马恒昌的铜像，首先在沈阳市劳动公园揭幕。这不仅是因为马恒昌诞生在辽宁省，更主要的是，马恒昌在这里工作了一年半，是他在新中国成立之前，最早名扬全东北的地方。沈阳市人民不会忘记他，不会忘记马恒昌在沈阳舍生忘死地为支援解放战争做出的重要贡献。缅怀他，就是敬重历史，激励后人。

5月1日那天，晴空万里，骄阳高照，偌大的沈阳劳动公园，人声鼎沸，锣鼓喧天，彩旗飘扬，热闹非凡。

中共辽宁省委、省政府和沈阳市委、市政府领导莅临大会；全国和省市劳动模范代表也应邀出席。

全国著名劳动模范、新中国第一位女火车司机田桂英站到马恒昌的塑像前，边看边掉泪，她说她跟马恒昌都是1950年的全国劳模，1952年又同在沈阳东北实验学校念书，非常熟悉。这个铜像，太像马师傅本人了，他没走，他还在身边。

曾经三次被评为全国劳动模范的张成哲，他说马老是他心中永远的英雄。他说他参加工作后，就受到马恒昌精神的影响，他所取得的一切成绩，都与马师傅的教育分不开。张成哲的女儿也是知名劳模，她说她父亲经常用马老的无私奉献精神教育她，要求她像马老那样做人做事。

全国劳动模范、被誉为毛主席的好工人尉凤英，全国商业战线劳动模范、原第四届全国人民代表大会常务委员会副委员长李素文，都一致赞扬马老的伟大功绩和人格力量。

揭幕仪式后，不少年轻人都来瞻仰马恒昌铜像，他们看到马恒昌身穿工作服，手扶刀台，目视前方的英姿，备受感染。他们说，马恒昌在全国这么出名，原来是从咱们沈阳走出去的，真没想到。

一些上岁数的人说，沈阳市人民政府做了一件大好事，让青少年知道过去，更好地开拓未来。

这就是铜像本身的魅力，也是马恒昌人格力量的律动。

为了更有效地弘扬马恒昌精神，加快二机床集团二次创业的步伐，新一届领导班子高瞻远瞩，于 2001 年在工厂正门厂中心区，为马恒昌建造了一尊铜像，特别引人注目。

揭幕仪式那天，来自中华全国总工会、国家机械部和黑龙江省领导，都莅临到会。齐齐哈尔市委、市政府和各部委办局以及齐齐哈尔各企业负责同志，也都参加了大会。马恒昌小组在世的历届组长和小组组员，也应邀出席了揭幕仪式。

大会全面介绍并充分肯定了马恒昌的丰功伟绩，指出：马恒昌精神是马恒昌小组精神的起源和基础，是兴业治厂之魂，是精神文明和物质文明建设的第一品牌。

马恒昌小组第二任组长徐景荣八十多岁了，手扶马恒昌铜像，哭得泣不成声，只听到他连连不断地念叨：老组长啊老组长……

第三任组长董振远，于 1984 年离休，他说，马老永远活在他心中。

马恒昌小组现任新一代组员，都站到马恒昌铜像前宣誓，决心要像老组长马师傅那样，塑好人品，出好精品，为复兴企业，振兴中华做贡献。

揭幕仪式后，工人上班走进厂大门，第一眼见到的就是马恒昌塑像，不少工人都说，马老在告诉他，要干好活，多干活。"喊破嗓子，不如做出样子"成为他们的座右铭。

➡ 薪火代代传

★★★★★

尽人皆知，马恒昌小组与共和国同龄，马恒昌和马恒昌小组精神，薪火传承已六十余载，这在我国班组建设史上极为罕见。

这里，仅选马恒昌去世后的三位组长成长经历，看看他们是如何成为马恒昌小组的代表人物，并进一步弘扬和深化马恒昌精神的内涵和人格魅力的。

首先说魏连，他是 1988 年 7 月，接任小组第十六任组长的。15 年前，魏连作为知识青年在齐齐哈尔市郊插队两年后，被分配到马恒昌小组当车工。1978 年 8 月，魏连作为小组工具管理员，同马恒昌等历届小组长和其他五位工管员一起，参加了全国机械工业学大庆会议。中共中央主席华国锋、副主席叶剑英、邓小平、李先念和汪东兴等党和国家领导人，亲切接见了与会全体代表。8 月 22 日，国务院副总理王震、谷牧和康世恩等国家领导人，再次亲切接见了马恒昌等历届小组长和小组现职的六大工管员，并与他们一起合影留念。这是我国班组建设史上的第一次，给魏连留下终生难忘的印象。1983 年，魏连出席了全国总工会第十次代表大会，这是继马恒昌连任两届之后，新当选的全总执行委员。1986 年，魏连荣获了全国总工会颁发的五一劳动奖章。1988 年，魏连接任马恒昌小组第十六任组长职务，并被选为第七届全国人大代表。魏连当年只有 35 岁，足见魏连成名之早、贡献之大了。

其次要讲马恒昌小组第十七任组长孙普选了。

孙普选，系北京人。1969 年 5 月，孙普选作为知青，到黑龙江友谊农场当兵团战士，一干就是八年，1976 年被保送到齐齐哈尔二机床厂技工学校。毕业后，按着当时知青返乡政策，他完全可以回到北京父母身边尽孝和就业。当孙普选毕业后被分配到马恒昌小组，备感光荣和亲切，他决心大干一场。在众多师傅的传帮带下，他刻苦钻研，很快就会独立操作了。当时孙普选加工的大主轴，每根重达 30 多公斤，每天上下搬动无数次，累得筋疲力尽，他毫无怨言。1995 年，孙普选被评为齐齐哈尔市特等劳动模范，1997 年被评为黑龙江省劳动模范，并被全国总工会授予五一劳动奖章。

在国家从计划经济向市场经济转轨过程中，二机床厂出现了产品积压、开工不足、工资极少、人心涣散、人员外流的局面，有许多好心人劝孙普选回北京，一则可以在父母身边尽孝，二则可以多挣钱养家糊口。特别是有一位经济实力奇强的大企业老总，相中了孙普选头上的光环，特高薪聘请，孙普选并没为之动心。孙普选觉得，马恒昌小组培养了他，他不能忘恩负义，必须为二机床厂的二次创业，做出自己应有的贡献。他认为，这是他为人之道，做事之本，是对父母最大的尽忠尽孝。

2000年，孙普选被国务院命名为全国劳动模范，并连任四届全国人大代表。

孙普选的工作经历告诉人们，他在马恒昌小组工作了34年，组长当了22年，他是在马恒昌小组工作时间最长、经受风雨最多、命运多舛的车工铁人。

最后要说的是现任小组第十八任组长的马兵了。

马兵于2010年，34岁时当上了全国劳动模范，36岁又当选党的十八大代表。这是马恒昌小组建组63年来的第一次，是马恒昌小组无上的光荣。

马兵还有一个特殊的身份，他是马恒昌的嫡孙。

这就让人不禁想到，马兵成长如此之快，肯定是马恒昌为他铺平了前进道路，让他在马老的光环闪烁中昂首前行的。

不过，马恒昌老早就对家人说过，路要自己

走，他会为儿孙这样做吗？

还是让我们从马兵成长的经历中，得出结论吧。

马兵，1976年2月出生，在他刚刚9岁时，他的祖父马恒昌就去世了。在爷爷的追悼会，他的少年之心中早早地种下了要做爷爷那样的人的种子。1992年，马兵初中毕业时，爷爷已经走了八年，他说啥也不上高中，坚决要报考二机床厂技校，想早一天进工厂，继承爷爷的事业。可当得知技校不招收车工班，心就凉了半截。但孙承祖业之心不改，还是毅然决然地进了二厂技校。毕业后，被分配到厂动力处烧锅炉。

马兵牢记爷爷对家人的训示和爷爷在工厂的威望，他不声不响，认真干活，严格做人，致使工厂上层领导不少人不知道他、不认识他。后来，面临国家经济转轨，工厂生产转型，工厂决定：凡是刚从技校毕业进厂的青工，一律放假待业。马兵也没能幸免，更没越雷池一步去找任何一位领导，就到一家私企去打工。为了提升自己，他边打工边自学，取得了齐齐哈尔职工大学专科文凭。

2000年，马兵跟随父母应沈阳市人民政府之邀，参加沈阳为马恒昌铜像的揭幕仪式，在那里才结识了也应邀参加大会的二机床厂级领导。二厂领导对马兵的经历和志向，深表同情和支持，党委会决定，先让马兵到马恒昌小组所在的铣床分厂曲型工段上岗学车工。

马兵知道，车工是爷爷从事的工种，是机加行业中最脏、最累、最苦的工种，车床智能化近似零，每天要干十几个小时的活，没有一定的体力，没有较高的操作技能，是根本干不了的。于是，马兵天天坚持步行上下班，一天走下来将近两个小时，回到家里，还要按照中央党校开设的课程学习，有时学到夜里十一二点钟。

由于市劳动模范周有财师傅的认真调教，马兵的进步很快。2004 年 8 月，马兵被调入马恒昌小组，对马兵来说，这又是一个以加工轴类为主的新岗位，马兵又得从头学起。他买来大量工具书，夜以继日地攻读着，日以继夜地实践着。还要兼顾中央党校的大本班课程进度，马兵累得瘦了一圈，话语几乎都没了，干出的活可超指标了，工友们都特别感动。

2005 年 3 月，原中共中央政治局常委、国家副主席曾庆红到工厂视察时，亲切地对马兵说，要接好爷爷的班。7 月，中共中央政治局委员、全国人大副委员长、中华全国总工会主席王兆国来厂视察，走到马兵车床边说别停车，这车床他老早就干过；设备老化了，该更新了。并勉励马兵，要接好马老的班。

马兵从此开始，要向数控技术进发了。他不打无准备之仗，刻苦自学数控车床编程和操作技术理论，等待时机的到来。

真是功夫不负有心人，马兵成为他所在单位掌握数控技术第一人，当年完成 7000 多个小时的工作量，提高工效 3 倍多，产品质量合格率高达 100%。马兵为使小组都能尽快掌握数控技术，他利用工余时间，向大家讲解如何操作、怎样编程。他还跟他的师傅同用一台数控车床，实行两班倒作业，很快形成了生产能力。这样，马兵成为厂里 15 年来结技术对子活动中，徒弟带师傅的第一人。

2006 年，马兵被提升马恒昌小组副组长，同年又被评为齐齐哈尔市首届"学习之星"标兵，年底，还被选为齐齐哈尔第十四届人大代表，转年 1 月，成为市十四届人大常委。

2009 年 9 月，马兵被评为黑龙江省劳动模范。

2010 年 1 月 2 日，中共中央政治局常委、国务院总理温家宝来二机床厂视察时，拉着马兵的手并肩前行。温总理十分高兴地说，一定要接好爷爷的班，为国家多做贡献。一定要用心智去劳动，用心智去创造。

马兵牢记温总理的教导，他在成功加工上百种普通工件后，又向加工关键件的技术拼搏，他一方面向工程技术人员请教，一方面又同组员一起研究计算和实践，取得了优异成果。2010 年 4 月 28 日，马兵被国务院命名为全国劳动模范。4 月 28 日这天，又是马恒昌小组 1949 年建组的诞生日，马兵永远也忘不了。

2012 年 2 月 10 日，中共黑龙江省组织部负责同志，到二机床厂考核出席党的十八大候选人马兵时说，中央十分关心马恒昌小组，二厂党委也在这一天决定，任命马兵为马恒昌小组第十八任组长，这更是马兵不能忘却的。

对马恒昌小组的未来，马兵说他们不太可能达到爷爷那辈人的光荣程度，但他们做了一些爷爷那辈人还没做到的事。他说他们在与世界最先进的压力机设计团队德国汉克公司合作中，他们干出的产品多次让老外们刮目相看，常常竖起大拇指。

后 记

马恒昌精神代代相传

马恒昌，我国工业战线传奇人物，他用他的人格魅力和卓越功绩，铸就了他的人生品牌，为我们编织人生，开拓事业，树立了光辉榜样。

马恒昌是马恒昌小组创始人，是我国职工民主管理企业的开创者，是职工开展大规模劳动竞赛的奠基者，是职工技术协作活动的倡导者和组织者，是我国工人运动著名活动家，是感动中国杰出人物。

马恒昌的思想核心，是感恩共产党，精忠报国，无私无畏，拼搏奉献。

马恒昌精神，是马恒昌小组精神的核心、起源和基础；马恒昌小组精神，是马恒昌精神的延续、传承和发展。

时至今日，马恒昌小组已经走过了63年光辉历程。小组工人换了一茬又一茬，组长接力到第十八任。小组和个人夺得的锦旗、奖状、奖章和荣誉证书多达上百件。小组的历任组长都是劳动模范，其中四人为全国劳动模范，三人连续当选全国一至十一届人大代表，其中一人连续两届被推举为全国人大常委；二人三次被选为中华全国总工会执行委员；还有一人被选为即将召开的中国共产党第十八次党代会代表。这是何等的光荣！这在我国班组建设史上从来没有出现过的。

1990年2月14日，时任中共中央总书记江泽民到齐齐哈尔第二机床视察时，欣然挥笔题词："马恒昌小组精神代代相传。"

2012年1月2日，中共中央政治局常委、国务院总理温家宝亲临二厂视察时，看到企业的发展壮大，创造出令世界瞩目的新产品，特别高兴，他鼓励工人要用心智去劳动，要用心智去创造，为国家做出更大的贡献。

马恒昌小组工人表示，一心向党，永远跟党走，把马恒昌"喊破嗓子，不如做出样子"作为他们行动的座右铭和人生誓言，用他们的人品和产品，装备中国，引领世界，让马恒昌小组在辉煌成就中，实现新跨越，让马恒昌精神在薪火传承中代代相传，永放光辉！

马恒昌永恒！

/**100**位

新 中 国 成 立 以 来 感 动 中 国 人 物／

丁晓兵　马万水　马永顺　马恒昌　马海德　中国女排五连冠群体

孔祥瑞　孔繁森　文花枝　方永刚　方红霄　毛岸英

王　杰　王　选　王　瑛　王乐义　王有德　王启民

王进喜　王顺友　邓平寿　邓建军　邓稼先　丛　飞

包起帆　史光柱　史来贺　叶　欣　甘远志　申纪兰

白芳礼　任长霞　刘文学　刘英俊　华罗庚　向秀丽

廷·巴特尔　许振超　达吾提·阿西木　邢燕子　吴大观

吴仁宝　吴天祥　吴金印　吴登云　宋鱼水　张　华

张云泉　张秉贵　张海迪　时传祥　李四光　李春燕

李桂林和陆建芬夫妇　李素芝　李梦桃　李登海　杨利伟

杨怀远　杨根思　苏　宁　谷文昌　邰丽华　邱少云

邱光华　邱娥国　陈景润　麦贤得　孟　泰　孟二冬

林　浩　林巧稚　林秀贞　欧阳海　罗映珍　罗健夫

罗盛教　草原英雄小姐妹　赵梦桃　钟南山　唐山十三农民

容国团　徐　虎　秦文贵　袁隆平　钱学森　常香玉

黄继光　彭加木　焦裕禄　蒋筑英　谢延信　韩素云

窦铁成　赖　宁　雷　锋　谭　彦　谭千秋　谭竹青

樊锦诗

图书在版编目（CIP）数据

马恒昌 / 马春忠著. -- 长春：吉林文史出版社，
2012.11（2022.4重印）
（100位新中国成立以来感动中国人物）
ISBN 978-7-5472-1314-8

Ⅰ. ①马… Ⅱ. ①马… Ⅲ. ①马恒昌（1907～1985）
－生平事迹－青年读物②马恒昌（1907～1985）－生平事
迹－少年读物 Ⅳ. ①K828.1-49

中国版本图书馆CIP数据核字(2012)第277326号

马恒昌

MAHENGCHANG

著/ 马春忠

选题策划/ 王尔立　责任编辑/ 王尔立　李洁华　任玉茗
装帧设计/ 韩璘
出版发行/ 吉林文史出版社
地址/ 长春市福祉大路5788号　邮编/ 130118
电话/ 0431-81629363　传真/ 0431-86037589
印刷/ 天津海德伟业印务有限公司
版次/ 2012年12月第1版 2022年4月第4次印刷
开本/ 640mm×920mm　1/16
印张/ 9　字数/ 100千
书号/ ISBN 978-7-5472-1314-8
定价/ 29.80元